民事法系列

# 民法總則

陳猷龍 ◆ 著

五南圖書出版公司 印行

詳加辨正，提出個人見解，名詞用法前後一致，章節項目則大小粗黑分列，增強視覺印象，並注意其結構及先後。但求能執簡馭繁，事半功倍。

　　惟限於學力，本書僅以我國民法總則之條文為主要論述對象，除釐清問題必要者外，並未廣徵博引各國法例；又本書所設實例中之日期，均係落稿之時日，別具意義，爰歷次改版均未予更易；其次，文中所提私見，井底觀天，掛漏乖謬，必難避免，尚祈諸先進，不吝斧正提攜，無任感激。

陳猷龍

序於輔仁大學教務長室

中華民國 92 年 8 月 24 日

# 凡　例

一、本書所用簡語之意義例示如下：

民47③－民法第四十七條第三款。

民1079 I －民法第一千零七十九條第一項。

民88 I 但書－民法第八十八條第一項但書。

總則施10 I －民法總則施行法第十條第一項。

法規標準13－中央法規標準法第十三條。

非訟31－非訟事件處理法第三十一條。

民訴640 II －民事訴訟法第六百四十條第二項。

刑訴55－刑事訴訟法第五十五條。

公司89－公司法第八十九條。

票據24 I －票據法第二十四條第一項。

海商105－海商法第一百零五條。

土地101－土地法第一百零一條。

證交166 I －證券交易法第一百六十六條第一項。

公寓31 I ①－公寓大廈管理條例第三十一條第一項第一款。

強執115～117－強制執行法第一百一十五條至第一百一十七條。

破產85－破產法第八十五條。

外人投資3 II －外國人投資條例第三條第二項。

德民847－德國民法第八百四十七條。

涉外27－涉外民事法律適用法第二十七條。

院1207－司法院院解字第一二○七號解釋。

26渝上948－最高法院二十六年渝上字第九四八號判例。

53台上1391－最高法院五十三年台上字第一三九一號判例。

64台上1567判決－最高法院六十四年台上字第一五六七號判決。

## 二、本書註腳之引用方式說明如下：

採同頁註腳，序號以阿拉伯數字表示。

註腳號序，每章均自一號從頭編號。

引用學者之著作，不論第幾次出現，一律以「作者姓名，書名，○頁。」之方式表示。

同一註腳內引用多數學者之著作時，每一學者之著作間，以加分號「；」之方式區隔。

判例要旨或決議文內容，有必要時，始引註其全文。

一段內有數個句號斷句時，最後段尾註腳號碼標示在句號之前者，表示係該句之註腳，標示在句號之後者，表示係該整段之註腳。

# 主要參考書目

（以作者姓氏筆劃為序）

| | | |
|---|---|---|
| 史尙寬 | 民法總則 | 民國66年12月臺修訂七版 |
| 王澤鑑 | 民法實例研習民法總則 | 民國85年9月三版 |
| 王澤鑑 | 民法總則 | 民國90年9月 |
| 史尙寬 | 民法總論 | 民國79年8月臺四刷 |
| 何孝元 | 民法總則 | 民國60年2月十版 |
| 李　模 | 民法總則之理論與實用 | 民國78年12月修訂版 |
| 胡長清 | 中國民法總論 | 民國65年4月臺四版 |
| 施啓揚 | 民法總則 | 民國76年4月校訂四版 |
| 洪遜欣 | 中國民法總則 | 民國79年9月再修訂三版 |
| 梅仲協 | 民法要義 | 民國55年3月臺新九版 |
| 楊與齡 | 民法總則大意 | 民國67年11月四版 |
| 鄭玉波 | 民法總則 | 民國62年9月八版 |
| 劉春堂 | 判解民法總則 | 民國80年8月修訂三版 |
| 錢國成 | 民法判解研究 | 民國64年三版 |
| 劉得寬 | 民法總則 | 民國71年10月再版 |

# 目　次

# 緒　論

# 第一章

# 基本概念

## 第一節　法律之意義

法律之意義有實質意義與形式意義之分：

### 一、法律之實質的意義

就法律之實質內容析言之，所謂法律，指由國家權力強制施行之人類社會生活規範。其要件有二：

#### （一）法律係人類社會生活之規範

綜觀法律規定之內容，不外兩件事，一為記述人類社會生活所存在或可能發生之現象；二為就各該現象設定其法律效果。前者，足以昭示人類社會上有「什麼事」，後者，則可教示吾人應該「怎麼辦」。故簡言之，「什麼事怎麼辦」之規定即是法律。又因「什麼事」即係人類社會生活之現象，而「怎麼辦」乃係行為之準繩，亦即規範。故法律係人類社會生活之規範。

#### （二）法律係由國家權力強制施行

法律須由國家有權機關依法定程序制定，並由國家權力強制施行。非由國家有權機關制定，或非依法定程序制定者，均不能稱之為法律。又法律與道德、宗教、習俗等雖同為人類社會生活之規

範，惟法律具有強制施行之效力，此項效力源自國家之權力，故違反法律規定者，將受國家公權力之制裁，但違反道德規範、宗教規範或風俗習慣者，則僅生接受良心譴責、教規排斥或不見容於社會之效果。此乃法律與道德、宗教、習俗等社會生活規範不同之處。

## 二、法律之形式的意義

就法律所具備之外觀析言之，所謂法律，指經立法院三讀通過，總統明令公布，而名為法、律、條例或通則之條文。其要件有三：

### （一）須經立法院三讀通過

立法院為我國最高立法機關，每一法律均須經立法院三讀通過，始為制定完成。有權向立法院提出法律案之機關為行政院、司法院、考試院、監察院或立法委員（含符合立法院組織法規定之黨團），提案須先送程序委員會，依立法院秘書長編擬之議事日程，提經程序委員會審定並付印後，開始進行院會三讀之程序。實務上運作之情形約如下述：

一讀會：將前述政府機關或立法委員提出之法律案，列入院會議程之報告事項，於院會中僅朗讀議案之標題後，即交付該議案相關之委員會（例如私立學校法修正案，交付教育委員會；海商法修正案，交付交通委員會……）進行審查或決議逕付二讀。

二讀會：經相關委員會審查完畢或經院會決議逕付二讀之議案，再提至二讀會進行詳細之討論。但由於二讀會正式開議之前，通常會先進行黨團協商，故二讀會進行時，經常於朗讀議案後，即依照黨團協商之結論處理。惟該議案若未經協商或協商未獲致結論，則應依立法院職權行使法第9條及第10條規定處理。二讀會係最重要之程序，除對議案進行深入討論（廣泛討論及逐條討論），做成通過之決議外，亦可做成修正、重付審查、撤銷議案或撤回議案之決議。

三讀會：經二讀通過之議案，應提至下次院會進行三讀會。但如有出席委員提議，15人以上連署或附議，並經表決通過者，亦可於二讀會後接續進行三讀會。三讀會，除發現議案內容有互相牴觸，或與憲法、其他法律相牴觸外，只得為文字之修正。

### （二）須由總統明令公布

依中央法規標準法第4條規定，法律應經立法院通過，總統公布[1]。所謂公布，即公諸於社會，使國民知悉該法律之意。公布僅有告知「存在」之效力，該被公布之法律是否具有其拘束力，仍應視其是否施行而定。未經總統公布之法律，在法律上即未有其存在，既未存在，則自無施行與生效之問題。

### （三）須名為法、律、條例或通則

經立法院三讀通過，總統明令公布之法律，依中央法規標準法第2條規定，須定名為法、律、條例或通則。故非以法、律、條例或通則為名之條文，即非法律。

## 第二節　民法之意義

民法者，以私人生活關係所生事項為規範內容之普通實體法也。分述之：

### 一、民法者，以私人生活關係所生事項為規範內容之法律也

法律，有以國家生活關係所生事項為規範內容者，如規定國家組織、社會秩序之維持、國防、兵役、賦稅……等事項之法律是；有以私人生活關係所生事項為規範內容者，如規定買賣、借貸、夫婦、親子……等事項之法律是。前者，稱為公法，後者稱為私法。

---

[1] 完成三讀之法律案，應由立法院咨請總統公布並函送行政院，總統應於收到後10日內公布之，或依憲法增修條文第3條規定之程序，由行政院移請立法院覆議。

綜觀民法所規定之事項，大抵均屬因私人生活關係而生者，故民法為私法。

## 二、民法者，以私人生活關係所生事項為規範內容之普通法也

二種法律，就同一事項均設有規定時，其適用於一般人或一般事項或一般時期或全國地域者，稱為普通法；僅適用於特定人或特定事項或特定時期或特定地域者，稱為特別法。例如民法與軍人婚姻條例，就婚姻均設有規定，但民法所定之婚姻，適用於一般人，而軍人婚姻條例，只適用於軍人，故就婚姻之規定而言，民法為普通法，軍人婚姻條例為特別法；民法及證券交易法，就買賣均設有規定，但民法所定者，乃一般之買賣，而證券交易法所定者，則為證券之買賣，故就證券買賣之規定而言，民法為普通法，證券交易法為特別法；又陸海空軍刑法與戰時軍律，就軍人投敵之罪均設有規定，但陸海空軍刑法適用於一般時期，而戰時軍律只適用於作戰時期，故就投敵罪之規定而言，陸海空軍刑法為普通法，戰時軍律為特別法；最後，土地法及都市計畫法，就土地之利用，均設有規定，但土地法適用於全國地域，而都市計畫法只適用於都市地區，故就土地利用之規定而言，土地法為普通法，都市計畫法為特別法是。綜觀民法規定之內容，相對於其他以私人生活關係為規範內容之法律言之，若二者就同一事項均設有規定時，民法均屬絕對適用於一般人、一般事項、一般時期及全國地域者，故為普通法。

## 三、民法者，以私人生活關係所生事項為規範內容之實體法也

法律，有以權利義務之得喪變更為其規定之主要內容者；有以權利義務之實行手續為其規定之主要內容者。前者稱為實體法，後者稱為程序法。綜觀民法規定之內容，係以私權利義務之發生、消滅或變更為主，故為實體法。

# 第三節　民法之法源

　　「法源」二字，有解爲係法律存在之形式者，有解爲係法律產生之根源者，不一其說。本書從前者。茲將民法存在之形式，列述如下：

## 一、民法法典

　　即民法第1225條條文本身及其施行法是。民法法典爲民法存在之形式，自無庸置疑。

## 二、判例民法

　　所謂判例，即判決先例，亦即最高法院所爲之判決，經採爲判例，編入判例要旨，並呈奉司法院核定者而言。最高法院適用民法所爲之判例，因有拘束下級法院之效力，自亦有其法的價值，故亦係民法存在之形式。

## 三、習慣民法

　　社會大眾對於其反覆施行之事項，達到有法的認識及法的確信，而有應予遵循之內心拘束之程度者，該事項，已堪爲人類社會生活之規範，是爲習慣法，其性質如屬足以規範私人生活關係所生事項者，即此之謂習慣民法。習慣民法，自亦爲民法存在之形式。

## 四、法　理

　　法理云者，分析或歸納欲解決之事件相關法律全體所得之原理也。依我國民法第1條規定，法理亦有規範之效力。故法理亦係民法存在之形式。

　　至若將法源二字解爲法律產生之根源，則民法之法源可分制定法與非制定法二類，併予列述如次，以供參考：

　　（一）制定法：有法律、命令、條約及自治法四種。

（二）非制定法：有習慣法、判例、法理及學說四種。

# 第四節　民法之效力

## 一、關於人之效力

凡具中華民國國籍之人，不問其在中華民國境內，抑或在外國，均應受民法之規範。

## 二、關於地之效力

凡在中華民國境內之人，不問其為中華民國人，抑或外國人，均應受民法之規範，但享有治外法權之外國人及涉外民事法律適用法有特別規定者，則為例外。

## 三、關於時之效力

民法之效力始於何時？曰始於生效。按法律由制定完成以迄於有實際之規範效果，在概念上，須經過三階段：即公布、施行及生效是。公布係「存在」之告示，要否使用？尚不得而知。施行係「要用」之意。至生效則係「有拘束力」之意。法律之公布，由總統為之，以實際公布日為準；法律之施行，則須視該法律本文如何規定其施行日而定，依中央法規標準法之規定，情形有二：一為法律明定自公布日施行者。一為法律特定有施行日期，或以命令特定施行日期者。至法律之生效，則須依其施行日之情形定之，亦即一、法律明定自公布日施行者，自公布之日起算至第三日起發生效力（法規標準13）；二、法律特定有施行日期，或以命令特定施行日期者，自該特定日起發生效力（法規標準14）。我國民法之施行日期，係分三期，總則編以民國18年10月10日為其施行日期，債編及物權編以民國19年5月5日為其施行日期，親屬編及繼承編以民國20年5月5日為其施行日期，故各該編應各自其特定施行日起發生效力。

於此須附言者，任何法律均須自其生效時起，以後所發生之事項，始有其適用，其生效前所發生之事項，當然不適用此法律，亦即法律之效力僅能往後發生，不能溯及既往，此即所謂「法律不溯既往」之原則。此一原則對民法自亦同有其適用。惟應注意者，法律不溯既往，僅係解釋法律之原則，並非立法之原則，立法者於立法時，如基於政策上之考慮，認有使該法律之全部或一部回溯適用於其生效前所生事項時，自得於該法律中加入回溯之條文，而使生溯及既往之效力。至如無回溯條文之存在，則於解釋法律之效力時，自應嚴守不溯既往之原則。

又民法之效力終於何時？曰終於失效。按法律不再適用時，須經廢止，而後始行失效。依中央法規標準法規定，法律之廢止，情形有二，一為法律未定有施行期限者，應經立法院通過，總統公布廢止之。一為法律定有施行期限者，期滿當然廢止。在第一種情形下，該法律自公布廢止之日起算至第三日起失效（法規標準22）；至在第二種情形下，該法律則自當然廢止之日失效（法規標準23）。我國民法屬未定有施行期限者，現仍有效。當無失效之問題。

# 第二章
# 民法之適用與解釋

## 第一節　民法之適用

　　民法之適用者，乃將抽象的民法規定，適用於具體發生的社會事實，而導出其法律效果之過程也。所謂法律，即是「什麼事怎麼辦」之規定，前已言之。茲具體之社會事實發生後，該具體之社會事實，應生如何之法律效果，自須尋求民法之規定以決之。而尋求法律效果之前提，首應認定該具體之社會事實是否與民法條文中所定之「什麼事」相符合，此將具體發生之社會事實與民法條文中所定「什麼事」部分之比對，以導出「怎麼辦」之法律效果，而達到規範目的之過程，即此之謂民法之適用也。

　　於此須附言者，即民法係普通法，故民法設有規定之事項，如其他法律就該同一事項復有較為詳盡之規定者，則該其他法律即為民法之特別法。依「特別法優先於普通法」之原則，應優先適用該特別法，該特別法無規定之部分，始有適用民法之餘地。

## 第二節　民法之解釋

　　民法之解釋者，乃運用合理之解釋方法以確定民法條文之意義，及其適用範圍之過程也。社會現象之形態萬千，民法之條文有

限，欲以有限之條文規範形態萬千之社會現象，事屬不能，故當吾人將具體發生之社會事實與民法條文中所定「什麼事」部分相比對時，常會發現甚多無法完全符合之情形，於此情形下，究竟能否適用該條文之規定，則有賴於解釋方法之運用。故民法之適用與解釋實具有不可分之關係。民法之解釋可分法定解釋與學理解釋二大類，茲分述之：

## 壹、法定解釋

法定解釋者，國家機關基於其職權，對於民法所為之解釋也。又可分為二：

### 一、立法解釋

即由立法機關，以民法之條文解釋某民法之用語也。例如民法第69條第1項規定：「稱天然孳息者，謂果實、動物之產物及其他依物之用法所收穫之出產物。」是。因法律係由立法院制定，故稱此種由法律解釋法律之情形為立法解釋。

### 二、司法解釋

即司法機關對民法所為之解釋也。可分為二：

#### （一）獨立解釋

指司法院大法官會議對民法所為之解釋。

#### （二）審判解釋

指各級法院於判決書中所發表對民法條文之見解。

## 貳、學理解釋

學理解釋者，基於學理以確定民法條文之意義之解釋方法也。又可分文理解釋與論理解釋二種：

## 一、文理解釋

即依民法條文之字義或文義，以確定其意義之解釋方法也。民法係以文字表示，故應以文理解釋爲主。

## 二、論理解釋

即斟酌立法目的及公平正義之原則，以推理方式闡明民法條文真義之解釋方法也。論理解釋，足可靈活法律條文之文字，可補文理解釋之不足。可分爲五：

### （一）擴張解釋

乃在法律精神所包括之範圍內，擴大法律條文所用文字之涵義，而不失其妥當性之解釋方法也。例如憲法第4條規定：「中華民國之領土，依其固有之疆域，……」所謂領土，依憲法第4條在規定中華民國主權所及範圍之精神，以及國際法上主權所及範圍之法則，應解爲包括領海、領空而言是。

### （二）縮小解釋

乃探查法律之本質，而縮小法律條文所用文字之涵義，使符合其真義之解釋方法也。例如民法第6條所稱之「人」，應解爲僅指自然人而言是。

### （三）當然解釋

乃權衡事態之輕重，依舉輕明重，或舉重明輕之法則，認法律對某事項雖未直接規定，但當然應適用該有規定之法律之解釋方法也。舉輕明重，謂輕度行爲既已禁止，則重度行爲自當然在禁止之列。例如公園禁止攀折花木，則砍伐花木，當然亦在禁止之列；又如校園禁止男女手牽手，則擁抱、親吻，當然亦在禁止之列是。舉重明輕，謂重度行爲既已允許，則輕度行爲，自當然在允許之列。例如法律允許黃金買賣，則持有黃金，當然在允許之列是。

## （四）反對解釋

乃就法律條文所定之正面效果，推論其反面效果之解釋方法也。又稱反面解釋。例如民法第12條規定：「滿二十歲爲成年。」則未滿二十歲者，即爲未成年人是。

## （五）類推解釋

乃依法律規定之精神檢討，足認法律就某事項之未規定，係屬遺漏時，得依其類似事項之規定爲解釋，而得到相同效果之解釋方法也。例如「債權人」之代理人或使用人，關於債之履行有故意或過失時，債權人應否與自己之故意或過失，負同一責任，我國民法未設明文。惟民法第224條前段，就「債務人」之代理人或使用人，關於債之履行有故意或過失之情形，卻明定債務人應與自己之故意或過失，負同一責任。二者性質相同，債權人部分之未設明文，又無一定之理由，足認係屬遺漏，故得依該條之規定，類推解釋，認爲債權人亦應與自己之故意或過失，負同一責任是。

在可爲類推解釋之情形，援引該類似事項之規定，以爲依據者，稱爲類推適用。因類推適用之規定（法條）內容，與欲求解決之某事項，仍有所異（如債務人與債權人之差別是），故類推適用，須內含類推解釋，二者實難區分。學者有謂類推解釋，亦稱類推適用，即此之故。

類推適用之基本法理，在彌補法律漏洞。法律漏洞者，法律應設規定而漏未規定之缺陷也。如前舉例我國民法就「債權人」之代理人或使用人，關於債之履行有故意或過失時，債權人應否與自己之故意或過失，負同一責任之問題，應設規定，而漏未規定，此一缺陷，即法律漏洞是。

# 第三章 民法上之權利義務

民法為規定私權得、喪、變更之實體法，故以私權利為其規定之對象。又權利之反面，即為義務，有權利即有義務。故權利與義務同為民法之主幹。

## 第一節　民法上之權利

### 壹、權利之意義

何謂權利？說者不一。主要者有下列三說：

#### （一）意思說

認權利為個人意思支配之範圍。

#### （二）利益說

認權利為法律所保護之利益。

#### （三）法律上之力說

認權利為法律賦予特定人享受特定利益之力量。

以上三說，以法律上之力說為近世之通說。蓋依意思說，則無意思能力之人，例如嬰兒、心神喪失之人，將不得享有權利，與現代法律有違。而利益說則將權利之本體與權利之內容混為一談。均

非可採。依法律上之力說，權利本體爲法律所賦予之力量，至該力量所能實現之利益，則屬權利之內容，簡稱法益，權利之本體與權利之內容截然分立，且與現代法律相符，故較爲可採。

## 貳、權利之分類

權利原有公權利與私權利之分。公權利者，公法上之權利也。例如憲法第17條所定之選舉、罷免、創制、複決等權是。私權利者，私法上之權利也。民法爲私法，故此專就私權利分述之：

### 一、財產權與非財產權

私權依其標的之不同，可分爲財產權與非財產權：

#### （一）財產權

財產權者，具有經濟的利益而得與權利主體之人格或身分相分離之權利也。可分爲四：

**1.債　權**

即得請求特定人爲一定給付之權利。

**2.物　權**

即直接支配物，而得對抗一般人之權利。民法物權編所規定之各種物權皆屬之。

**3.準物權**

即規定於民法物權編以外，而準用民法物權編規定之物權也。如漁業權，準用民法關於不動產物權之規定（漁20），礦業權，除礦業法有特別規定外，準用關於不動產諸法律之規定（礦11）是。

**4.無體財產權**

即存於精神所產出之無體物上之權利也。例如著作權、商標權、專利權等是。

#### （二）非財產權

非財產權者，與權利主體之人格或身分不能分離之權利也。可

分爲二：

### 1.人格權

即與權利人本身不可分離，而不具客觀換價標準之專屬於權利人之非財產權也。例如生命權、身體權、自由權、姓名權、名譽權、貞操權、肖像權、信用權、隱私權等是。

### 2.身分權

即存於一定身分關係上之非財產權也。例如家長權、親權、監護權、繼承權等是。

## 二、支配權請求權形成權與抗辯權

私權依其作用之不同，可分爲支配權、請求權、形成權及抗辯權：

### （一）支配權

即直接支配權利客體，而取得爲權利內容之利益之權利也。例如物權所有人就其權利客體，得直接支配是。

### （二）請求權

即由基礎權利所產生而得要求他人爲一定行爲或不爲一定行爲之權利也。例如債權人得要求債務人償債之權利是。

### （三）形成權

即因權利人一方之行爲，而使某種權利發生、變更或消滅之權利也。使權利發生者，例如無權代理情況下，本人之承認權（民170Ⅰ）是。使權利變更者，例如選擇之債之選擇權（民208以下）是。使權利消滅者，例如繼承拋棄權（民1174以下）是。

### （四）抗辯權

即於他人請求給付時，得爲拒絕之權利也。可分爲二：

### 1.永久抗辯權

即得永久拒絕履行之權利。例如消滅時效完成之抗辯（民144

Ⅰ）是。

　2.一時的抗辯權

即僅得暫時拒絕履行之權利。例如同時履行抗辯權（民264Ⅰ），及先訴抗辯權（民745）是。

## 三、主權利與從權利

私權依其相互之關係，可分為主權利與從權利：

### （一）主權利

即得獨立存在之權利也。例如債權是。

### （二）從權利

即以主權利之存在為前提而存在之權利也。例如利息債權是。

## 四、絕對權與相對權

私權依其效力之不同，可分為絕對權與相對權：

### （一）絕對權

即得請求一般人不為一定行為之權利也。又稱對世權。例如人格權、物權及無體財產權是。其特徵在義務人之不一定，與權利本質在於不行為。

### （二）相對權

即得請求特定人為一定行為或不行為之權利也。又稱對人權。例如債權是。其特徵在義務人為一定，與權利本質在請求為一定之行為或不行為。

## 五、專屬權與非專屬權

私權依其有無移轉性之不同，可分為專屬權與非專屬權：

### （一）專屬權

即專屬權利人本身，不得移轉於他人之權利也。例如人格權、

身分權是。

### （二）非專屬權

即非專屬於權利人本身，而得移轉於他人之權利也。財產權多屬之。

# 第二節　民法上之義務

## 壹、義務之意義

義務者，法律所課之作爲或不作爲之拘束也。析言之：

### （一）義務者拘束也

所謂拘束，即不能自由取捨之約束狀態。

### （二）義務者作為或不作為之拘束也

義務之內容有作爲與不作爲二種。不作爲義務又有單純不作爲及容忍之分。

### （三）義務者法律上所課之拘束也

義務以法律上所課之拘束爲限，道德上及宗教上之拘束，非此所謂之義務。

## 貳、義務之分類

義務原有公法上義務與私法上義務之分。公法上義務者，基於公法之規定而生之義務也。例如納稅、服兵役之義務是。私法上義務者，基於私法之規定而生之義務也。民法係私法，故專就私法上之義務分述之：

## 一、積極義務與消極義務

義務依其內容之不同，可分爲積極義務與消極義務：

## （一）積極義務

即應為一定行為之義務。例如債務人應償債之義務是。

## （二）消極義務

即不應為一定行為之義務。例如不於夜間奏樂之義務是。

# 二、主義務與從義務

義務依其相互之關係，可分為主義務與從義務：

## （一）主義務

即得獨立存在之義務也。例如借款之債務是。

## （二）從義務

即以主義務存在為前提而存在之義務也。例如保證義務為借款債務之從義務是。

# 第四章

# 民法之編纂及修正

## 第一節　民法之編纂

### 壹、編纂過程及內容

　　我國民法之編纂，約分三期完成，第一次民律草案於清宣統三年完成，是為大清民律草案。該草案計分總則、債權、物權、親屬及繼承等五編，共1569條，大體採自德、日民法。惟未及頒布施行，清室已亡。第二次民律草案，於民國14年完成，亦分五編，共1320條，該草案雖經司法部通令各級法院作為事理引用，但終未正式施行。第三階段為現行民法。現行民法係國民政府奠都南京以後，於民國18年元月成立民法起草委員會所制定。分為五編，共1225條。其公布、施行之日期及主要內容如次：

### 一、總則編

　　於民國18年5月23日公布，同年10月10日施行。計152條（民1～152），另有施行法19條。為民法各編（及其他民事法規）所共通適用之規定。分為法例、人（自然人及法人）、物、法律行為、期日及期間、消滅時效、權利之行使等七章。

## 二、債　編

於民國18年11月22日公布，19年5月5日施行。計604條（民153～756），另有施行法15條。為債權債務關係之規定。分為通則（內分債之發生、債之標的、債之效力、多數債務人及債權人、債之移轉、債之消滅等六節）及各種之債（內分買賣、互易、交互計算、贈與、租賃、借貸、僱傭、承攬、出版、委任、經理人及代辦商、居間、行紀、寄託、倉庫、運送營業、承攬運送、合夥、隱名合夥、指示證券、無記名證券、終身定期金、和解、保證等二十四節）等二章。債在性質上多為任意規定，且所定二十四種債，僅是典型之債，當事人於不違背強行規定及公序良俗之前提下，得自由約定契約內容，或創設債之種類。

## 三、物權編

於民國18年11月30日公布，19年5月5日施行。計210條（民757～966），另有施行法16條。為物權之得喪變更的規定。分為通則、所有權、地上權、永佃權、地役權、抵押權、質權、典權、留置權、占有等十章。物權編採「物權法定主義」，故當事人不得創設物權之種類，除法律允許者外，亦不得自由約定物權之內容。

## 四、親屬編

於民國19年12月26日公布，20年5月5日施行。計171條（民967～1137），另有施行法15條。為親屬關係之規定。分為通則、婚姻、父母子女、監護、扶養、家、親屬會議等七章。親屬及繼承二編之規定，合稱身分法，由純粹身分法與身分財產法二類所構成，屬純粹身分法性質之規定，多不適用民法總則編之規定。

## 五、繼承編

與親屬編同於19年12月26日公布，20年5月5日施行。計88條（民1138～1225），另有施行法11條。為繼承關係之規定。分為遺

產繼承人、遺產之繼承、遺囑等三章。

## 貳、編纂體例

　　我國民法之編纂，在內容上，係取自德、日、法、瑞等國民法（及瑞士債務法），在編次上，係採德國民法之方式，分為總則、債、物權、親屬、繼承等五編；至於在制度上，則係仿效瑞士民法（分人、親屬、繼承、物權四編）及債務法（分總則、各種之債、商事公司及合作社、商業登記商號及商業帳簿、有價證券五編）之體例，採「民商合一制度」。只規定民事行為，別無商人及商事行為之立法，商人只是社會上之稱呼，商事行為包括於民事行為之內。因此，僅制定一部民法，另無商法典。至於公司法、票據法、保險法、海商法，係民法各種之債之單獨立法，屬民事特別法性質，六法全書、考試科目、教學課程，以商事法為名，乃便宜之稱謂。實則民法債編各種之債乙章中，所定買賣、交互計算、承攬、經理人及代辦商、行紀、倉庫、運送、承攬運送、合夥等，亦均為商事法性質，不唯公司、票據、保險、海商四者而已。

　　至於「民商分立制度」，則係將一般人之民事行為與商人之商事行為分開，個別制定民法及商法，各有總則及各編之規定，法律效果各異。例如同為買賣，在一般人間為民事行為，適用民法債編有關買賣之規定，而在商人間（原則上一方為商人即可）為商事行為，應適用商法有關買賣之規定。德、日民法採之。

# 第二節　民法之修正

## 壹、修正之必要與修正原則

　　我國民法各編，自民國18年陸續公布施行以來，歷經近半世紀，發現原規定有若干欠明確或窒礙難行，另由於工商發達及法律思想變遷，亦有若干已不合時宜或缺漏。爰司法行政部（現為法務

部）乃於民國63年7月成立「民法研究修正委員會」，定期開會，先
決定修正原則後，全面檢討，擇要修正。

　　民法修正原則如下：（一）促進三民主義及憲法所定基本國策
之實踐；（二）加強社會公益之維護；（三）因應國家社會發展之
需要；（四）原規定有欠明確或窒礙難行者；（五）特別民事法規
之規定，性質上得納入本法者，增列之；（六）司法院解釋、最高
法院判例或學說上有爭執之事項，性質上得以條文規定者，參酌研
究修正或增列之；（七）注重實質之改進，不重文字之修正。

　　經多年之研修，至民國70年底立法院始修正通過民法總則及其
施行法，由總統於民國71年1月4日明令公布，自民國72年1月1日施
行。嗣又於民國74年6月3日修正公布民法親屬、繼承二編及其施行
法，同日施行。民國88年4月21日修正公布民法債編及其施行法，自
民國89年5月5日施行。另於民國96年3月28日、98年1月23日及99年2
月3日，三次修正公布物權編及其施行法，均自公布後六個月施行。
其後，總則編、債編、親屬編、繼承編，又陸續有若干修正，親屬
編為呼應時代觀念改變之需求，修正次數較多。各編歷次修正之情
形，另請詳見各編法規沿革之說明及其相關條文之內容。

## 貳、民法總則編修正之要點

　　民法總則編修正之要點如下：

### （一）改進死亡宣告制度

　　縮短死亡宣告之失蹤期間為七年（一般人）、三年（滿八十歲
以上）、一年（遭遇特別災難）（原規定為十年、五年、三年），
增設檢察官得聲請死亡宣告，又提高年老失蹤者的年齡為八十歲
（原規定為七十歲）。（民8 I、II、III）

### （二）改進禁治產宣告制度

　　增設檢察官得聲請禁治產宣告。（民14）

### （三）加強人格權之保護

增設人格權有受侵害之虞時，得請求防止之。（民18Ⅰ）

### （四）訂明住所的設定與廢止之標準

增訂「依一定事實，足認」以久住（廢止）之意思，為住所的設定與廢止之認定標準。（民20Ⅰ、24）

### （五）改進法人制度

計有：1.增設董事有多人時，執行事務及對外代表法人之方法（民27Ⅰ、Ⅱ）。2.增列法人得設監察人，及監察人有數人時，行使監察權之方法（民27Ⅳ）。3.將第28條「職員」二字，修正為「其他有代表權之人」。4.提高董事或監察人，不遵主管機關監督之命令或妨礙其檢查者，得科處之罰鍰數額（民33Ⅰ）；並增列主管機關得請求法院解除其職務，並為其他必要處置之規定（民33Ⅱ）。5.增設法人董事不聲請破產應連帶負責的規定（民35Ⅱ）。6.增訂法院得依主管機關、檢察官之聲請或依職權，選任清算人之規定（民38）。7.增加法院監督法人之清算時，得隨時為必要之處分（民42Ⅰ），以及法人解散時應通知或報告法院（民42Ⅱ、Ⅲ）等規定。8.提高清算人不遵法院監督命令或妨礙檢查者，得科處之罰鍰數額，以及增加董事未於法人依章程規定或總會決議解散後15日內報告法院者，應同受處罰之規定（民43）。9.修正法人賸餘財產的歸屬方法（民44Ⅰ）。

### （六）強化社團的組織

計有：1.增列民法第47條規定，章程應記載事項第7款，並修正第3款為：「董事之人數、任期及任免。設有監察人者，其人數、任期及任免。」2.刪除民法第48條第8款原定之社團設立時應登記之事項：「限制董事代表權者，其限制。」並修正為：「定有代表法人之董事者，其姓名。」同時增列第4款為：「董事之姓名及住所。設有監察人者，其姓名及住所。」3.民法第50條第2項所定，應經總會決議之事項中，第2款及第3款，均增加「及監察人」四字。4.增設總

會每年至少召集一次，董事不為召集時，監察人得召集之（民51Ⅰ），以及應於三十日前對各社員發出通知（民51Ⅲ）等規定。5.增設社員表決權，得以書面授權他人代理行使（民52Ⅲ），以及社員不得加入表決，亦不得代理他人行使表決權（民52Ⅳ）等規定。6.修正總會之召集程序或決議方法，違反法令或章程之效果（民56）。7.增列主管機關及檢察官得聲請解散社團（民58）。

### （七）加強財團之維護

計有：1.增設法院得因聲請指定遺囑執行人設立財團之規定（民60）。2.刪除民法第61條第1項第7款財團應登記事項原規定：「限制董事代表權者，其限制。」並修正為：「定有代表法人之董事者，其姓名。」同時增列第6款為：「董事之姓名及住所。設有監察人者，其姓名及住所。」3.增列得以遺囑定財團之組織及管理方法，以及主管機關或檢察官，亦得聲請法院為必要處分（民61），變更其組織（民63），或宣告董事之行為無效（民64）等規定。

### （八）修正允許限制行為能力人獨立營業之規定

即增設民法第85條第2項但書，明定允許之撤銷或限制，不得對抗善意第三人。

### （九）修正無權處分行為之效果

即增設民法第118條第2項但書，規定原權利人或第三人已取得之利益，不因此而受影響。

### （十）改進消滅時效制度

計有：1.修正民法第129條第2項所定與起訴有同一效力之事項：將第2款「送達」修正為「聲請」；第2款「因和解而傳喚」修正為「聲請調解或提付仲裁」；第3款「報明破產債權」修正為「申報和解債權或破產債權」，並相應分別修正民法第132條至134條之規定。2.於民法第136條第2項「強制執行而中斷者」一語上增「聲請」二字，俾臻明確。3.增列民法第137條第3項，原有消滅時效期間不滿五年者，因中斷而重行起算之時效期間為五年之規定。

### （十一）修正權利行使之原則

包括：1.增訂權利之行使，不得違反公共利益（民148Ⅰ前段）；及行使權利，履行義務，應依誠實及信用方法（民148Ⅱ）等原則，確立權利社會化之法理（如次項所述）。2.將民法第152條第1項「官署」，修正為「法院」，以期名實相符。

## 參、權利社會化法理之確立

自羅馬法以來，法治觀念受權利絕對論之支配，一向認為「所有權神聖不可侵犯」、「行使自己權利，對他人不構成侵害」。迨19世紀末，法國法院開始以判決禁止權利之濫用後，權利相對論漸出。1900年德國民法第905條，對所有權之行使，已設有限制；1919年威瑪憲法第153條第3項，進而規定，所有權負有義務，行使所有權應同時顧及公共利益。各國受此影響，紛於其憲法、民法，及其他法律中加入權利享有及行使甚至不行使之限制規定。我國法律**關於權利享有之限制規定**，例如憲法第143條第2項：「附著於土地之礦及經濟上可供公眾利用之天然力，屬於國家所有，不因人民取得土地所有權而受影響。」第145條第1項：「國家對於私人財富及私營事業，認為有妨害國計民生之平衡發展者，應以法律限制之。」民法第773條：「土地所有權，除法令有限制外，於其行使有利益之範圍內，及於土地之上下。如他人之干涉，無礙其所有權之行使者，不得排除之。」以及第774條以下有關相鄰土地關係之規定等是；**權利行使上之限制**，例如都市計畫法第6條：「直轄市及縣（市）（局）政府對於都市計畫範圍內之土地，得限制其使用人為妨礙都市計畫之使用。」建築法第49條、第50條、第52條關於建築線退讓及徵收之規定；**權利不行使之限制**，例如土地法第173條及第174條，對於私有空地及私有荒地，得限期強制使用，逾期未使用者，應於依法使用前加徵地價稅三倍至十倍之空地稅或地價稅同額至三倍之荒地稅；平均地權條例第26條：「直轄市或縣（市）政府對於私有空地，得視建設發展情形，分別劃定區域，限期建築、增建、改建

或重建；逾期未建築、增建、改建或重建者，按該宗土地應納地價稅基本稅額加徵二倍至五倍之空地稅或照價收買。」「經依前項規定限期建築、增建、改建或重建之土地，其新建之改良物價值不及所占基地申報地價百分之五十者，直轄市或縣（市）政府不予核發建築執照。」等規定是。

其次，契約自由，向爲私法自治之主要內涵，但近數十年來，由於工商之發達，產生甚多大型企業，以其強大之財力及地位，訂定附合契約或拒絕提供服務，導致消費大眾及勞工，幾乎僅餘不訂約或不工作之自由。各國注意及此，遂基於權利相對之理論，擴大「強制訂約」、「團體協約」、「管制經濟」方面之規定，以限制大企業之契約自由，保障實質的契約自由。我國法律**關於強制訂約之規定**，例如郵政法第19條：「中華郵政公司非依法規，不得拒絕郵件之接受及遞送。但禁寄物品或郵件規格不符中華郵政公司公告者，不在此限。」電業法第57條：「電業在其營業區域內，對於請求供電者，非有正當理由，不得拒絕。」**關於團體協約之規定**，例如團體協約法、勞動契約法（尙未施行）、勞資爭議處理法。**關於管制經濟之規定**，例如公平交易法、管理外匯條例，以及水費、電費、瓦斯費、鐵公路公車飛機渡船票價，須經主管機關核准；重要民生物資之價格，須受經濟部「物價督導會報」之制約等是。

又上開權利相對及限制契約自由之觀念，從社會整體之立場言，無異意謂，私權亦是社會資源之一部分，故應具備社會公有性。「權利社會化」之法理，遂焉形成。私權既然亦屬社會資源，則任何私權，自同受社會化之拘束，不應因種類或所有人之不同而異，始爲當然。因此，任何權利之行使，均不得違反公共利益（禁止違反公益原則），亦不得以損害他人爲主要目的（禁止權利濫用原則）；又行使權利及履行義務，均應依誠實及信用方法（誠實信用原則）。我國民法總則，原僅就禁止權利濫用原則設有規定（舊民148），至於誠實信用原則，則於債編（民219），僅就行使債權履行債務設有規定。禁止違反公共利益之原則，則付之闕如。迨民

國71年修正公布之民法總則，始補全此三項原則（見民148），而確立我民法上權利社會化之法理。又基於權利社會化之法理，只須從事攸關大眾生活之業務者，即應受契約自由之限制，而不以大企業為限，自不待言。我國法律**關於限制個人契約自由之規定**，例如醫師法第21條：「醫師對於危急之病人，應即依其專業能力予以救治或採取必要措施，不得無故拖延。」藥師法第12條第1項：「藥師執行藥局業務，非確有正當理由，不得拒絕處方之調劑。」助產人員法第29條：「助產人員不得無故拒絕或遲延接生。」等是。

# 本　論

# 第一章 法 例

　　法例者，民事法規全部適用之基本法則；即非特全部民法可共通適用，即其他民事特別法規，均同有其適用之法則也。綜觀我民事法規，其可共通適用之基本法則原有多端，惟現行民法「法例」章則僅規定三則，共五個條文：

## 壹、民事法則適用之順序

　　民法第1條規定：「民事，法律所未規定者，依習慣，無習慣者，依法理。」明揭民事法則適用之順序為：一、法律；二、習慣；三、法理。分述如次：

### 一、法　律

　　法律者，立法院三讀通過，總統明令公布，而名為法、律、條例或通則之條文，前已言之。惟此之謂法律，單指民事法律而言。包括民法及其一切民事特別法在內。又為執行法律而頒布，或因法律之授權而頒布之民事命令，因與民事法律具有同等之效力，故解釋上亦包括在內。

### 二、習　慣

　　習慣者，具有法律上效力之社會上慣行之事實也。通稱習慣法。應注意者，乃社會上慣行之事實，非皆具有法律上之效力，必

也具備下列要件者，始足具備法律上之效力，而堪供爲解決民事關係之準據，此即習慣法之成立要件：

### （一）須為社會之習慣

即社會上一般大眾慣行之事實。若僅係個人之習慣，雖或具相當之影響力，惟因不具有普遍之拘束力，故無從取得法律上之效力，自不包括在內。

### （二）須一般人皆確信具有法律上之效力

即社會一般大眾皆確認該慣行之事實，且在心理上均承認其具有拘束力，而有應該依循之確信。質言之，即須該項習慣，業已形成社會一般大眾之行爲準則也。

### （三）須不背於公共秩序或善良風俗

民法第2條規定：「民事所適用之習慣，以不背於公共秩序或善良風俗者爲限。」所謂公共秩序，指國民之社會生活方式；所謂善良風俗，指國民之道德標準。二者通常合稱爲公序良俗。習慣之是否背於公共秩序或善良風俗，須依時代精神彈性認定之，並無不變之標準。雖爲社會一般大眾慣行之事實，然依時代精神考量，如有背於公共秩序或善良風俗，則亦不具有法律上之效力。

### （四）須為法律所未規定

法律就該民事關係若已有規定，即可據而求得解決，而無視習慣之存在。故習慣之具有法律上之效力，係以法律就該民事關係未設規定者爲前提。

具備上述要件之習慣，始具有法律上之效力。

於此須附言者，習慣之後於法律而適用，僅係原則，若法律明文規定應優先適用習慣，或不適用其規定者，則爲例外。法律明文規定應優先適用習慣者，例如民法第450條第2項規定：「未定期限者，各當事人得隨時終止契約。但有利於承租人之習慣者，從其習慣。」是，此情形習慣應優先於法律而適用，自無疑問。法律明文

規定不適用其規定者，例如依民法第207條第2項規定：「前項規定，如商業上另有習慣者，不適用之。」是，此情形如商業上有得將利息滾入原本再生利息之習慣時，同條第1項利息不得滾入原本再生利息之規定即不適用之，而應適用商業上之習慣，自有優先於法律而適用之效力[1]。又習慣亦有特別習慣與普通習慣之別，例如商事習慣之於一般民事習慣，在適用時自應以特別習慣為優先。此外，王澤鑑先生認為，我民法第1條所稱之習慣，指習慣法，固無問題，但第1條以外條文所稱習慣，則僅指事實上習慣，只因法律之特別規定而具有優先效力而已。故民法第2條所稱習慣，應兼指習慣法及事實上習慣而言[2]。與本書所述堪為解決民事關係之準據之任何習慣，均須具備前述要件，亦即均須係習慣法始足當之，解釋不同。

## 三、法 理

法理者，分析或歸納欲解決之事件相關法律全體所得之原理也。又稱法律通常之原理。亦即在法律無明文規定，又無習慣可資準據時，法官自居於立法者之地位，以創制合理可用之法則之無形的標準也。

民法第1條特別標明「民事」，蓋刑事因刑法採取「罪刑法定主義」之結果，如乏明文時即不為罪，故無以習慣或法理作為論罪科刑準據之餘地。

## 貳、使用文字之方式

法律行為原則上不以使用文字（即書面或字據）為之，即可生效，惟若法律明文規定必須使用文字者，則必須以文字為之，否則除法律另有規定外（例如民422後段、民1079 I但書），該法律行為無效（民73）。

---

[1] 26渝上948。
[2] 王澤鑑，民法實例研習（二）民法總則，27～28頁；民法總則，63頁。

　　至依法律之規定，有使用文字之必要者，究應如何為之，不無疑問，依民法第3條之規定，使用文字之方式如下：

## 一、得不由本人自寫

　　除依該法律行為之本質，必須行為人自寫文字（例如民1190之自書遺囑）者外，不願或不能自寫時，亦得由他人代寫或打字鉛印。

## 二、但須親自簽名

　　不論自寫或由他人代寫、打字或印刷後，均必須親自簽名。所稱「簽名」，乃自己書寫自己姓名之謂，惟下列行為與簽名有同等之效力：

### （一）蓋　章

　　行為人如不親自簽名，而蓋用自己印章者，其蓋章與簽名具有同等之效力。

### （二）捺用指印或劃押

　　行為人不願或不能簽名，復無印章可供代用時，得以指印、十字或其他符號代簽名，但在該文件上，必須經另外二人之簽名證明，始足與親自簽名生同等之效力。

## 參、確定數量之標準

　　在文件中關於數量之記載，其表示方式有四：（一）僅以文字或僅以號碼為一次表示。（二）同時以文字（如一、二、三、壹、貳、參）及號碼（如1、2、3、Ⅰ、Ⅱ、Ⅲ）為一次表示。（三）僅以文字為數次表示或僅以號碼為數次表示。（四）同時以文字及號碼為數次表示。四種表示方式中，除第（一）種方式，不生以何者為準之問題外，在第（二）、（三）、（四）種方式下，如發生表示間有所不符合之情況，則究應以何者為準，即不無問題。依我國民法第4條及第5條之規定，其確定之標準，首應以當事人之原意為

依據，如法院不能推知當事人之原意，則依下列之方法決定之：

（一）同時以文字及號碼為一次之表示而有不符者，應以文字所記載之數量為標準（民4）。蓋文字之書寫常較號碼為慎重也。

（二）僅以文字為數次表示「或」僅以號碼為數次表示，而有不符者，各以其最低額之記載為標準（民5）。目的在保護債務人之利益。

（三）同時以文字「及」號碼為數次之表示，而有不符者，則如何？法無明文。參酌我民法第4條、第5條之立法意旨，可得之解釋有二：

甲、以文字所載之最低額為準：即不論號碼表示之多寡，只就文字所表示者加以比較，而以其最低額為準。

乙、以絕對最低額為準：即混合文字及號碼加以總比較，而以其中之最低額為準。

前述二項解釋，究應以何者為是？學者間採甲說者有之[3]，採乙說者有之[4]。實務上，台灣高等法院66年民1號提案，法律座談會決議採甲說。惟民法第5條立法理由：「……凡以文字及號碼各為數次之表示，而其所表示之數量，彼此有不符合時，則不問其為文字與文字不符合，或號碼與號碼不符合，或文字與號碼不符合，均應以當事人之原意定之。法院不能決定何者為當事人之原意者，則比較其所表示之各種數量，而以其中最低額為準，……。」則似採乙說。本書前以為採甲說較能符合民法第4條及第5條之立法旨趣。惟

---

[3]　王伯琦，民法總則，39頁；劉得寬，民法總則，45頁；王澤鑑，民法實例研習（二）民法總則，38頁；民法總則，85頁。

[4]　胡長清，中國民法總論，54頁；史尚寬，民法總論，68頁；鄭玉波，民法總則，61頁；劉春堂，判解民法總則，25頁；施啟揚，民法總則，63頁。

嗣查同時以文字「及」號碼爲數次之表示，而發生文字與文字之不符，及／或文字與號碼之不符，及／或號碼與號碼之不符，足見當事人方寸已亂，根本無愼重與不愼重之差異，已無斟酌第4條之立法意旨之必要，爰認爲宜專依第5條保護債務人之立法意旨，而改採乙說爲是。

# 第二章

# 人

　　法律上所稱之人，包括自然人及法人二種。所謂自然人，指生存於自然界，具備五官百骸而爲萬物之靈之人類。所謂法人，指自然人以外，在一定條件下，由法律賦予人格之組織體。除法律明定爲自然人（如民973）或明定爲法人（如民35以下），或法律規定事項之性質係自然人所專屬，或法人所專屬者外，凡稱人均係兼指自然人及法人二者而言。

　　人之生存，須藉助於物，爲取得物，因生接觸。此種人爲取得物而接觸之內容，係一種事實，稱之爲法律事實。從而可知，社會生活中之法律事實，以人爲主體，物爲客體，而接觸之內容即是法律行爲。又若自物之歸屬之角度以觀，物之歸屬實即權利義務之得喪變更，故通稱人爲權利義務之主體，物爲權利義務之客體。何者爲法律上之物，將於第三章述之，本章先說明法律上之人。

# 第一節　自然人

## 第一項　自然人之權利能力

### 壹、權利能力之意義

權利能力者，得以獨立之名義享受權利負擔義務之資格也。我國民法第6條雖僅規定「權利」能力，而不及「義務」能力，且事實上權利與義務在概念上亦有所區別，惟因在現代法制下，凡有權利者，同時皆負有義務，故權利能力之涵義，應解為兼指享受權利及負擔義務之資格而言。凡人均具有權利能力，此為現代法律之基本原則。

### 貳、權利能力之始終

我國民法第6條規定：「人之權利能力，始於出生，終於死亡。」亦肯認凡人均有權利能力。至享有權利能力之期間，則始於出生而終於死亡。

### 一、出　生

何謂出生？學說不一。有陣痛說、一部露出說、初聲說、斷臍說及獨立呼吸說。應以獨立呼吸說為正當。即以胎兒與母體全部分離，開始獨立呼吸時為出生。至臍帶已否剪斷，有無泣聲及與母體分離之原因如何，均非所問。此說既可說明「出」，又可說明「生」，蓋不出則無由獨立呼吸，出而不生更不能獨立呼吸，故為近代多數學者所採。

胎兒一經「出生」即成為「人」而享有權利能力，生存時間之久暫、有否為出生之登記，均不生影響。

### 二、死　亡

死亡有「自然死亡」及「推定死亡」之分：

## （一）自然死亡

何謂自然死亡？學說不一。有脈搏停止說、心臟鼓動停止說、腦波停止說。昔日以心臟鼓動停止說爲通說，亦即所謂自然死亡，係指呼吸斷絕，心臟停止跳動時之狀態也。惟最近則以腦波完全停止（腦死）作爲死亡之時期。自然死亡乃生命之絕對的消滅，人之權利能力因之終止。

## （二）推定死亡

又稱法律上之死亡，亦即受「死亡宣告」之結果也。茲將死亡宣告之意義、要件及效力述之如次：

### 1.死亡宣告之意義

死亡宣告者，自然人失蹤達一定期間，法院因利害關係人或檢察官之聲請，宣告其爲死亡，使之與自然死亡生同等效果之制度也。人若長久失蹤，則其財產上及身分上之法律關係，無從確定，影響利害關係人之利益及公益。故民法乃設死亡宣告之制度，以結束失蹤人原住所爲中心之法律關係。

### 2.死亡宣告之要件

依我國民法第8條規定，死亡宣告必須具備下列要件，始得爲之：

#### (1)其人已失蹤

失蹤者，自然人離去其向來之住所或居所，而生死不明之狀態也。所謂生死不明，指其人究竟爲生存或死亡，均不能證明而言。但僅須爲死亡宣告之聲請人及法院所不明即可，無須任何人皆不知其生死。

#### (2)須失蹤達一定期間

有普通期間與特別期間之分：

①普通期間：即一般人受死亡宣告，所應達之失蹤期間。失蹤人爲八十歲未滿者，於失蹤滿七年後，得爲死亡之宣告，但失蹤人爲八十歲以上者，於失蹤滿三年後，即得爲死亡之宣

告。此兩項期間，均自最後音訊日起算。

②特別期間：即遭受特別災難人受死亡宣告，所應達之失蹤期間也。失蹤人為遭遇特別災難者，於特別災難終了滿一年後，得為死亡宣告。所謂特別災難，如戰禍、海難、空難、火災、水災、風災、地震、礦坑災變等是。惟關於空難，依民用航空法第98條規定：「因航空器失事，致其所載人員失蹤，其失蹤人於失蹤滿六個月後，法院得因利害關係人或檢察官之聲請，為死亡之宣告。」應優先於民法而適用，自不待言。此項期間，自特別災難終了時（即失蹤時）起算。

(3)須經利害關係人或檢察官之聲請

法院不得依職權為死亡之宣告。所謂利害關係人，指因失蹤人之生死，而有法律上利害關係之人。例如失蹤人之配偶、繼承人、債權人、受遺贈人等是。又為顧及公益上需要，倘利害關係人不聲請為死亡宣告或無利害關係人時，檢察官亦得聲請。

(4)須由法院為宣告

是否宣告，法院有斟酌裁量之權。宣告之程序，則依民事訴訟法第625條至634條之規定辦理。

具備上列四種要件後，法院始得以判決為死亡宣告。

### 3.死亡宣告之效力

受死亡宣告者，以判決內所確定死亡之時，推定其為死亡（民9Ⅰ）。所謂推定，即在無反證之情形下暫時認定之意。關於死亡時間，固由法院於判決內予以確定，惟法院非可隨意為之，依民法第9條第2項規定，除有反證者外，法院應以前述各失蹤期間最後日終止之時為受宣告者之死亡時間。故如聲請人能舉證證明失蹤人非於前述各失蹤期間最後日終止之時死亡，自應以實際死亡之時為準。至若二人以上同時遇難，而不能證明其死亡之先後時，我國民法第11條規定推定其為同時死亡。蓋死亡宣告判決所確定死亡之時，在繼承法上之意義特別重大，如認定有所差誤，影響繼承權極

大，推定其爲同時死亡，目的即在避免財產繼承之爭端也。

死亡宣告後，凡死亡所生之效果，均因而發生，受宣告人之權利能力亦因而終止。

### 4.死亡宣告之撤銷與更正

死亡宣告後發現受宣告之人尚生存，或確定死亡之時不當者，本人或有法律上利害關係之人或檢察官得向法院提起撤銷死亡宣告之訴，由法院分別爲撤銷死亡宣告之判決，或更爲更正死亡時間之判決。其程序依民事訴訴法第635條至第639條之規定爲之。死亡宣告經撤銷者，與自始未宣告同。故因死亡宣告而消滅之身分關係，因而復活，因死亡宣告而繼承取得之財產，亦須恢復原狀。但有下列二項例外：

(1)撤銷死亡宣告判決確定前之善意行爲，不受影響（民訴640Ⅰ但書）

所謂善意，指行爲時不知被宣告死亡者（失蹤人）實尚生存。所稱行爲，如係單獨行爲，只須行爲者之爲善意；若係雙方行爲，則須雙方均爲善意。例如死亡宣告後繼承人就遺產之處分行爲及配偶之再婚行爲，如屬善意均不受撤銷死亡宣告之影響是。茲就撤銷死亡宣告在婚姻法上所生之影響列述如下：

①死亡宣告後，失蹤人之原配偶未再婚者，因撤銷死亡宣告而當然恢復原婚姻關係。

②死亡宣告後，失蹤人之原配偶已再婚者，則：a.若其再婚爲善意（不知失蹤人尚生存）時，不因撤銷死亡宣告而受影響，應認爲原婚姻關係消滅；b.若其再婚爲惡意（有一方知失蹤人尚生存），則原婚姻關係因撤銷死亡宣告而復活，其再婚成爲重婚而無效（民988③），且原婚姻成爲具備離婚之原因（民1052Ⅰ①），失蹤人得請求裁判離婚。

③死亡宣告後，失蹤人再婚者，有無構成重婚而無效？頗費斟酌。可得之解釋方法有二：

a.從原婚姻是否已消滅之角度言：失蹤人再婚時，若原配偶未再婚；或雖已再婚，但因惡意而無效時，則原婚姻因撤銷死亡宣告而復活，失蹤人之再婚成為重婚而無效。原配偶未再婚者，得請求裁判離婚；原配偶之再婚為惡意而無效時，則雙方均可請求裁判離婚。反之，若失蹤人再婚時，原配偶已再婚且為善意時，則因原婚姻已消滅，失蹤人之再婚，應不構成重婚。

b.從失蹤人有無重婚故意之角度言：失蹤人再婚時，若不知自己已被宣告死亡；或雖知已被宣告死亡，但不知原配偶已再婚，或更知原配偶未再婚。則宜認失蹤人有重婚之故意，而為無效。至若失蹤人再婚時，知自己已被宣告死亡，並知原配偶已再婚，則宜認定失蹤人無重婚之故意，而為有效。

上開二種解釋方法中，第a種解釋方法，係以原配偶之是否再婚，以及再婚之為善意抑惡意，為決定失蹤人自己再婚之效力之依據。亦即係居於失蹤人之原生活中心地而為解釋，與死亡宣告制度之立法意旨，在結束失蹤人原住所為中心之法律關係，較為一致。本書採之。

(2)因宣告死亡取得財產者，如因撤銷死亡宣告之判決失其權利，僅於現受利益之限度內，負歸還財產之責（民訴640 II）

此例外僅於善意取得財產者有其適用，如繼承人、受遺贈人、人壽保險金之受領人等是。至所謂現受利益，指於撤銷死亡宣告時現存之利益而言。

## 參、死亡與死亡宣告之比較

綜上所論，可知死亡與死亡宣告雖同為自然人權利能力終止之原因，但有下列各點不同：

一、死亡係生理現象，因腦波完全停止而發生；死亡宣告則係

法律規定之制度，因法院之宣告而發生。

二、死亡係絕對之結果，不能以反證推翻；死亡宣告則僅係推定之結果，得以反證推翻。

三、死亡無撤銷之可能；死亡宣告，受死亡宣告之人若尚生存，或確定死亡之時不對，則法院得因本人或有法律上利害關係之人或檢察官之聲請而撤銷之。

## 肆、胎兒之權利能力

胎兒者，尚未出生之子女也。既尚未出生，則依前述人之權利能力始於出生之基本法則，胎兒原無權利能力之可言。故如父親於胎兒出生前死亡時，胎兒將無繼承權利，但他日出生後則如何？勢非有所救濟不可。我國民法為保護胎兒之利益，特於第7條規定：「胎兒以將來非死產者為限，關於其個人利益之保護，視為既已出生。」是為第6條規定之例外，析述如次：

### 一、以將來非死產為條件

胎兒之享有權利能力，乃以將來非死產為條件，惟所謂以將來非死產為條件，有二說。一為法定的停止條件說，認為胎兒於出生前，並未取得權利能力而須待出生以後非死胎，始能溯及受胎時，而有出生前之權利能力。另一為法定的解除條件說，認為胎兒於出生前，即取得權利能力，但將來如為死產，則溯及的喪失其權利能力。我國實務見解不一，學者多數以後說對胎兒有利而採之。所謂死產，指死胎而言，即胎兒與母體分離後，未曾獨立呼吸也。如曾獨立呼吸，因已出生，即非死胎，縱僅一瞬即逝，其權利能力，亦因出生而取得，並因死亡而終止，與死胎之未曾取得權利能力之情形迥然不同。

### 二、胎兒僅於其個人利益之範圍內有權利能力

民法第7條僅就胎兒利益之保護而為規定，不包括義務之負擔在

內，故胎兒之權利能力，以享受利益之能力爲限，並不包括負擔義務之能力在內。惟此乃指受胎至出生前此一期間之權利能力之狀態而言。出生後之權利能力，自包括負擔義務之能力在內，而不待言。

## 伍、外國人之權利能力

外國人者，無中華民國國籍之自然人也。有無外國國籍，則非所問。外國人在本國是否具有權利能力，向有三種立法例：

### （一）禁止主義

本國任何私權，均不許外國人享有，即不承認外國人在本國亦具有權利能力也。古代羅馬法與日耳曼法採之。

### （二）相互主義

本國人在他國若享有權利能力，該他國人在本國始享有權利能力。又分爲：1.條約相互主義，即依條約相互賦予對方國人在本國之權利能力。法國民法第11條採之；2.法律相互主義，即以法律規定，本國人在他國享有權利能力時，該他國人在本國亦有權利能力。奧國民法第33條採之。

### （三）平等主義

外國人與本國人均享有權利能力。爲近世各國法律所採。

在相互主義之下，外國人在本國原無權利能力，必也符合條約或法律規定之要件，外國人在本國始有權利能力，其享有權利能力之範圍，亦依條約或法律之所定。在平等主義下，外國人在本國原有權利能力，在取得權利能力上，與本國人平等。但爲保護本國或本國人之利益，常對外國人之權利能力，加以限制。稱爲限制的平等主義。我國民法總則施行法第2條規定：「外國人於法令限制內，有權利能力。」即係採此主義。依其規定可知：1.外國人在我國具有權利能力；2.但我國得以法律或命令限制外國人之權利能力。

### （四）我國法令對外國人權利能力之限制

我國法令對外國人權利能力限制之規定，有剝奪外國人享有者，有以相互主義為方法者，亦有附加條件為限制者。其主要規定，約如下述：

**1.剝奪權利能力者**

例如：(1)依土地法第17條規定，林地、漁地、狩獵地、鹽地、礦地、水源地、要塞軍備區域及領域邊境之土地，不得移轉、設定負擔或租賃於外國人（但依外國人投資條例第16條第2款規定，礦地若經行政院專案核准後，可不受限制。）；(2)依漁業法第5條及第11條第1項第2款規定，漁業人以中華民國人為限，漁業人喪失中華民國國籍者，主管機關得撤銷其漁業經營之核准；(3)依船員法第5條第2項規定，船長應為中華民國國民；(4)依水利法第16條規定，非中華民國國籍人民，原則上不能取得水權。

**2.以相互主義為方法者**

例如：依土地法第18條規定，外國人在中華民國取得或設定土地權利，以依條約或其本國法律，中華民國人民得在該國享有同樣權利者為限。

**3.附加條件為限制者**

例如：土地法第19條、第20條、第24條規定，外國人為供住宅、營業處所、辦公場所、商店及工廠、教堂、醫院、外僑子弟學校、使領館及公益團體之會所、墳場，以及有助於國內重大建設、整體經濟或農牧經營之投資，並經中央目的事業主管機關核准者，得租賃或購買土地，但其面積、所在地點、租購土地之程序及用途，均應受限制。

# 第二項　自然人之行為能力

## 壹、行為能力之意義

行為能力者，得以獨立之名義為有效法律行為之資格也。人之是否具有行為能力，以其是否有意思能力為斷。所謂意思能力，指於精神上能判斷自己之行為應得如何效果之能力。可知意思能力之有無與年齡高低關係至為密切。

## 貳、行為能力之態樣

我國民法依人之年齡高低將行為能力分為：一、完全行為能力人；二、限制行為能力人；三、無行為能力人等三種態樣。分述之：

### 一、完全行為能力人

完全行為能力人者，能以獨立名義為完全有效之法律行為之人也。下列二種人有完全行為能力：

#### （一）成年人

滿二十足歲為成年（民12），成年人有完全行為能力。

#### （二）未成年人已結婚者

未成年人已結婚者，有行為能力（民13Ⅲ）。蓋因我國習俗，向以成家即非孩童，故民法乃採結婚成年之制。有問題者，乃此等因結婚而取得完全行為能力之未成年人，在其仍未成年之前，若因婚姻被撤銷或配偶死亡或離婚而婚姻關係消滅時，其已取得之行為能力是否因之而喪失？分述之：

1.不達法定年齡結婚如經撤銷，自撤銷時起，喪失完全行為能力

依司法院24年院字第1282號解釋「不達法定年齡結婚者，在撤銷前有行為能力」之反對解釋，男未滿十八歲，女未滿十六歲而結婚者（民980），如經依法撤銷者（民989），自撤銷時起，喪失完

全之行爲能力（參閱民998）。亦即恢復爲限制行爲能力人或無行爲能力人。蓋因其婚姻自始具有瑕疵，取得完全行爲能力之基礎不固，茲既經撤銷，自宜認不再具有完全之行爲能力也。

**2.配偶死亡或離婚而婚姻關係消滅，仍有行爲能力**

依司法院20年院字第468號解釋：「已結婚之未成年婦女，不因夫之死亡，而喪失其行爲能力。」可知已婚之未成年人，雖配偶死亡而婚姻關係消滅，仍保有行爲能力。至離婚者，行爲能力亦不喪失，蓋因其婚姻自始不具有瑕疵，自不應與婚姻經撤銷者作同一之解釋。

## 二、限制行爲能力人

限制行爲能力人者，具有不完全之行爲能力之人也。所謂不完全，指其行爲能力有賴其法定代理人之從旁輔助，始能完全而言。限制行爲能力人，可分爲二類：

### （一）七歲以上二十歲未滿，而尚未結婚之人（民13 II III）

民法所定之限制行爲能力人，原係指此類之人而言。民國97年雖增訂第15條之1及第15條之2，關於受輔助宣告人之規定，受輔助宣告人亦屬行爲能力受限制之人。但民法並未因此相應修正原來關於限制行爲能力人之規定，且亦未明定輔助人爲受輔助宣告人之法定代理人，故一般稱限制行爲能力人，如未指明包括受輔助宣告人在內，仍係僅指此類之人而言；一般稱法定代理人，亦不包括輔助人在內。須注意之。基於此，本書僅於「行爲能力之態樣」單元中，將受輔助宣告人一併列爲限制行爲能力人之一種，同時說明其有關規定之要旨，而於「行爲能力之效果」單元內，則僅敘述民法所定限制行爲能力人行爲能力之效果，不再將受輔助宣告人行爲能力之效果一併列入說明，以避免增加理解上之困擾。

限制行爲能力人，所爲法律行爲，除法律另有規定外，須經法定代理人之允許或承認，始生效力。詳如後述。

## （二）受輔助宣告之人（民15-1、15-2）

受輔助宣告之人（以下於合適時機簡稱之爲受輔助宣告人或受宣告人），指因精神障礙或其他心智缺陷，致其爲意思表示或受意思表示，或辨識其意思表示效果之能力，顯有不足者，法院因本人、配偶、四親等內之親屬、最近一年有同居事實之其他親屬、檢察官、主管機關或社會福利機構之聲請爲輔助宣告，而特定行爲能力受法律限制之人（民15-1 I）。

茲將輔助宣告之意義、要件、效力、輔助宣告之撤銷與變更，說明如次：

### 1.輔助宣告之意義

輔助宣告者，對於因精神障礙或其他心智缺陷，致其爲意思表示或受意思表示，或辨識其意思表示效果之能力，顯有不足者，法院因本人、配偶、四親等內之親屬、最近一年有同居事實之其他親屬、主管機關或社會福利機構之聲請，爲輔助宣告，使之成爲限制行爲能力人之制度也。

### 2.輔助宣告之要件

輔助宣告之要件有四：（民15-1 I）

### (1)須心智有缺陷之人

受輔助宣告，係以精神障礙或其他心智缺陷之人爲對象。

### (2)須意思能力顯有不足

所謂意思能力顯有不足，指因精神障礙或其他心智缺陷，致其爲意思表示或受意思表示，或辨識其意思表示效果之能力，**未達喪失程度，但顯有不足**之情形而言。所謂**顯有不足**，只須法院依受宣告人意思能力不足之情形，可認須有賴輔助人之從旁協助即可，並無一致之標準。

### (3)須經一定人之聲請

聲請權人，限於心智缺陷之本人、配偶、四親等內之親屬、最近一年有同居事實之其他親屬、檢察官、主管機關或社會福利

機構。

(4)須由法院宣告

法院應依專業人員或機構之鑑定報告，審酌心智缺陷之情況，有無置輔助人之必要，而為裁定。如依鑑定報告，足認心智缺陷已達無意思能力之程度時，依民法第14條第4項規定之法理，應解為法院亦得變更聲請人輔助宣告之聲請，改為監護之宣告。

上開要件之中，除要件(2)須意思能力顯有不足，與監護宣告之要件(2)須無意思能力，有所不同之部分，已如前述之外，其餘要件之內容均與監護宣告之要件相同，詳如後述監護宣告之相關說明。

3.輔助宣告之效力

可分四點說明之：

(1)受輔助宣告人應置輔助人（民1113-1 I ）

輔助人之產生及職務之執行，與監護人性質類似，故民法規定下列事項準用監護人之有關規定（民1113-1 II ）。亦即：輔助人之辭任（準用民1095）、輔助人之消極資格（準用民1096）、輔助人利益衝突時之為受輔助人選任特別代理人（準用民1098 II ）、輔助人應以善良管理人之注意執行輔助職務（準用民1100）、輔助人不得受讓受輔助人之財產（準用民1102）、法院於必要時得命輔助人提出輔助事務報告財產清冊或決算書（準用民1103 II ）、輔助人得請求報酬（準用民1104）、因輔助人死亡等原因而另行選定適當之輔助人（準用民1106）、因輔助人不適任而改定適當之輔助人（準用民1106-1）、輔助人之賠償責任（準用民1109）、法院為輔助宣告時依職權選定適當輔助人之相關依據（準用民1111、1111-1、1111-2）、數人為輔助人時法院指定共同或分別執行職務之範圍（準用民1112-1）、法院為輔助宣告等事項時應依職權囑託該管戶政機關登記（準用民1112-2）。其詳細內容可另見民法親屬編之有關說明。

(2)受輔助宣告人之特定行為能力受到限制

受輔助宣告人為下列行為時，應經輔助人同意。但純獲法律上利益，或依其年齡及身分、日常生活所必需者，不在此限：（民15-2）

一、為獨資、合夥營業或為法人之負責人。

輔助人同意受輔助宣告人為本款之行為時，受輔助宣告人，關於其營業，有行為能力；受輔助宣告人，就其營業有不勝任之情形時，輔助人得將其同意撤銷或限制之。但不得對抗善意第三人。（民15-2Ⅲ準用民85）蓋因本款所定者，屬於總和性質之營業上各種行為，輔助人之同意，性質上為概括之同意，與其餘六款所定者，屬於單一性質之行為，有所不同。

二、為消費借貸、消費寄託、保證、贈與或信託。

三、為訴訟行為。

四、為和解、調解、調處或簽訂仲裁契約。

五、為不動產、船舶、航空器、汽車或其他重要財產之處分、設定負擔、買賣、租賃或借貸。

六、為遺產分割、遺贈、拋棄繼承權或其他相關權利。

七、法院依前條聲請權人或輔助人之聲請，所指定之其他為。

關於上開民法第15條之2限制受輔助宣告人行為能力之規定，須說明者有二：

①本條使用應經輔助人「同意」一語，與民法第77條以下，關於限制行為能力人行為能力之限制規定，使用「允許」及「承認」者，不同。其所謂同意，意義為何？不無疑問。依其第2項準用民法第78條至第83條規定之結果觀之，應認其所謂同意，係指事前之同意（亦即允許）而言。

②本條但書規定：「但純獲法律上利益，或依其年齡及身分、

日常生活所必需者，不在此限。」係指本條七款所定之行為中，屬於純獲法律上利益，或依其年齡身分、日常生活所需者，不須經輔助人同意，亦即與該七款規定以外之其他行為相同，受輔助宣告人均可獨立為之，不受限制而言。此與民法第77條但書規定，係泛指各種行為中，屬於純獲法律上利益，或依其年齡身分、日常生活所需者，均不須經法定代理人之允許，限制行為能力人均得獨立為之，有所不同。

(3)未得輔助人同意之行為之效力

受輔助宣告人，就前開七款所定事項，未得輔助人同意所為之行為，效力如下：（民15-2Ⅱ準用民78～83）

①受輔助宣告人未得輔助人之同意，所為之單獨行為，無效。（準用民78）

②受輔助宣告人未得輔助人之同意，所訂立之契約，須經輔助人之承認，始生效力。（準用民79）

前條契約相對人，得定1個月以上之期限，催告輔助人，確答是否承認（準用民80Ⅰ）。於前項期限內，輔助人不為確答者，視為拒絕承認（準用民80Ⅱ）。

受輔助宣告人於輔助宣告撤銷後，承認其所訂立之契約者，其承認與輔助人之承認，有同一之效力。（準用民81Ⅰ）契約相對人，得定1個月以上之期限，催告已被撤銷輔助宣告之人，確答是否承認。於催告期限內，已被撤銷輔助宣告之人不為確答者，視為拒絕承認（準用民81Ⅱ）。

受輔助宣告人所訂立之契約，未經承認前，相對人得撤回之。但訂立契約時，知其未得允許者，不在此限。（準用民82）

③受輔助宣告人用詐術使人信其為有行為能力人或已得輔助人之同意者，其法律行為為有效。（準用民83）

(4)輔助人對於無害行為不為同意之效力

受輔助宣告人，未得輔助人同意之情形，包括未曾徵求輔助人之同意，及徵求後輔助人不為同意，二種情形下，受輔助宣告人所為行為之效力，均如前項所述，並無問題。但如該應得同意之行為無損害受輔助宣告人利益之虞，而經徵求後輔助人仍不為同意時，受輔助宣告人得逕行聲請法院許可後為之。（民15-2Ⅳ）經法院許可之行為，自屬有效，不待言。

### 4.輔助宣告之撤銷與變更

受輔助宣告之原因消滅時，法院應依前項聲請權人之聲請，撤銷其宣告（民15-1Ⅱ）。法院於審酌專業之鑑定報告後，如認為受輔助宣告人有受監護宣告之必要者，得主動將撤銷輔助宣告之聲請，變更而為監護之宣告，不須聲請人另為聲請。所謂**有受監護宣告之必要**，指受輔助宣告人，嗣後心智缺陷之情況加重，已達到無意思能力之程度而言。又所謂：「**法院得依民法第十四條第一項規定，變更為監護之宣告。**」（民15-1Ⅲ）旨在說明法院得依職權變更為監護之宣告，不應拘泥於詞句，誤解為須由聲請人另行提出監護宣告之聲請，此與後述法院依民法第14條第2項規定，受理撤銷監護宣告事件時，經審酌專業之鑑定報告後，認為受監護宣告人之心智缺陷尚未完全康復，而主動將撤銷監護宣告之聲請，變更而為輔助之宣告之情形（民14Ⅳ），意旨相同。

## 三、無行為能力人

無行為能力人者，絕對不能以獨立名義為有效法律行為之人也。下列之人無行為能力：

### （一）未滿七歲之未成年人（民13Ⅰ）

不包括七歲在內。

### （二）受監護宣告之人

受監護宣告之人（以下於合適時機簡稱之為受監護宣告人或受

宣告人），指因精神障礙或其他心智缺陷，致不能為意思表示或受意思表示，或不能辨識其意思表示之效果者，法院因本人、配偶、四親等內之親屬、最近一年有同居事實之其他親屬、檢察官、主管機關或社會福利機構之聲請，為監護之宣告，而成為無行為能力之人也（民14、15）。

茲將監護宣告之意義、要件、效力、監護宣告之撤銷與變更及監護宣告制度之立法意旨，說明如次：

### 1.監護宣告之意義

監護宣告者，對於因精神障礙或其他心智缺陷，致不能為意思表示或受意思表示，或不能辨識其意思表示之效果者，法院因本人、配偶、四親等內之親屬、最近一年有同居事實之親屬、檢察官、主管機關或社會福利機構之聲請，為監護之宣告，使之成為無行為能力人之制度也。

### 2.監護宣告之要件

監護宣告之要件有四：（民14I）

(1)須心智有缺陷之人

所謂心智缺陷（mental defect），指精神或智能方面之各種缺陷，精神障礙僅係其主要例示，其他如患有精神分裂症、妄想症、自閉症、智能不足、腦功能異常、注意力缺陷過動症……等是。人之心智有無缺陷及其程度如何，屬於精神病醫學之專門知識，須由具有精神疾病醫學研究之專業人員或機構為鑑定。聲請人先行委託具有精神疾病醫學研究之專業人員或機構為鑑定後，檢具鑑定報告向法院提出受監護宣告之聲請，或於聲請受監護宣告之書狀中釋明受宣告人心智缺陷之情形，請求法院代為聲請合適之專業人員或機構鑑定，均無不可。

(2)須無意思能力

心智之缺陷，須達到無意思能力之程度，亦即不能為意思表示或受意思表示或辨識其意思表示之效果之程度，始足當之。所謂為

意思表示，乃將欲成立法律行為之意思，表示於外部之謂。所謂受意思表示，乃接受他人欲成立法律行為之意思表示之謂。不能為意思表示或受意思表示，指事實上無法為意思表示或受意思表示之情形，例如陷於錯亂或無意識中之情形是。所謂不能辨識其意思表示之效果，指雖有為意思表示或受意思表示之能力，但無法辨識其意思表示之效果而言，例如智能不足、嚴重自閉之情形是。

(3)須經一定人之聲請

即須經其本人、配偶、四親等內之親屬、最近一年有同居事實之其他親屬、檢察官、主管機關或社會福利機構之聲請。本人須於事實上能為意思表示並辨識其效果之時間內為聲請。所謂配偶，指現任配偶而言；所謂四親等內之親屬，只論親等，而不問血親、姻親、直系或旁系；所謂最近一年有同居事實之其他親屬，指四親等以外，在最近一年內與受宣告人有同居事實之任何其他親屬。解釋上，只須最近一年內有同居之事實，而有證明者即可，不以足足同居一者年者為限。又為加強維護社會公益及應受宣告人之利益，檢察官、主管機關或社會福利機構，亦得為聲請。

本人、配偶、四親等內之親屬、最近一年內有同居事實之其他親屬、檢察官、主管機關或社會福利機構，均可自行主動提出聲請，並無先後之分，檢察官、主管機關或社會福利機構為聲請時，通常雖可先徵詢應受宣告人本人、配偶、相關親屬之意見，惟仍應本於公益之理由，獨立為是否提出聲請之決定，不受應受宣告人本人、配偶、相關親屬意見之拘束。

(4)須由法院宣告

監護之宣告，由法院為之。法院斟酌專業之鑑定報告後，如認為已達不能為意思表示或受意思表示或辨識其意思表示之效果之程度（即無意思能力）時，應為監護之宣告；如認為未達「不能」之程度，但其能力「顯有不足」時，法院得逕行變更監護宣告之聲請，而為輔助之宣告（民14Ⅲ），不須另為輔助宣告之聲請。所謂「法院得依第十五條之一第一項規定，為輔助之宣告」，旨在說明

法院得依職權爲輔助之宣告，不應拘泥於詞句，誤解爲須由聲請人另行提出輔助宣告之聲請。前已言之。

### 3.監護宣告之效力

可分二點說明之：

(1)受宣告人無行爲能力

此項效力係創設的效力，即一經監護宣告，不問受宣告人嗣後事實上有無意思能力，於依法撤銷前，均無行爲能力。又此項效力亦係絕對的效力，即對於聲請人及所有其他任何人均發生此項效力，亦即任何人均得主張受宣告人之法律行爲無效。

(2)受宣告人應置監護人

因無行爲能力人，須由其法定代理人代爲意思表示，並代受意思表示（民76），而監護人於監護權限內，爲受監護人之法定代理人（民1098Ⅰ），故民法乃規定，受監護宣告之人應置監護人（民1110）。

### 4.監護宣告之撤銷與變更

受監護宣告之原因消滅時，法院應依前項聲請權人之聲請，撤銷其宣告（民14Ⅱ）。所謂受監護宣告之原因消滅，即心智缺陷之情況持續相當期間不復存在，可認已恢復意思能力而言。是否已恢復意思能力，亦應以具有精神疾病醫學研究之專業人員或機構之鑑定報告爲依據。得聲請撤銷監護宣告之人，與前述得爲監護宣告聲請之人相同。

受監護宣告之原因雖已消滅，但受監護宣告人之意思能力仍有不足，而有輔助之必要時，法院得依民法第15條之1第1項規定，變更爲輔助之宣告（民14Ⅳ）。亦不須聲請人之另爲聲請。

### 5.監護宣告之立法意旨

監護宣告制度之設，其目的有二：一面在保護受宣告人之利益，一面則在保護與之爲交易行爲之相對人之利益。蓋心智缺陷致無意思能力之人，若任其得有效爲法律行爲，則必動輒受害，監護

宣告制度剝奪受宣告人之行為能力，其正面意義，即在保護受宣告人之利益也。反面言之，心智缺陷致無意思能力之人，未必有足以識別之外觀，一般人若不知此等人心智缺陷之情形，而與之為交易行為，其後此等人或其利害關係人出面依我國民法第75條後段規定，主張行為時係屬無意識或精神錯亂，故該交易行為無效，則與之為交易行為之相對人，必受不測之損害。可知監護宣告制度之目的，亦在保護相對人之利益，而維社會交易之安全。此項公益目的，乃檢察官、主管機關或社會福利機構，得為聲請人之主要理由所在。

## 參、監護宣告與死亡宣告之比較

死亡宣告者，自然人失蹤達一定期間，法院因利害關係人或檢察官之聲請，宣告其為死亡，使之與自然死亡生同等效果之制度也。監護宣告者，對於因精神障礙或其他心智缺陷，致不能為意思表示或受意思表示，或不能辨識其意思表示之效果者，法院因本人、配偶、四親等內之親屬、最近一年有同居事實之親屬、檢察官、主管機關或社會福利機構之聲請，為監護之宣告，使之成為無行為能力人之制度也。二者之區別有：

### （一）原因不同

死亡宣告，以自然人失蹤達一定期間為原因；監護宣告，則以自然人心智缺陷致無意思能力為原因。

### （二）聲請人不同

死亡宣告，以因失蹤人之生死，而有法律上利害關係之人或檢察官，為聲請人；監護宣告，則以本人、配偶、四親等內之親屬、最近一年有同居事實之其他親屬、主管機關或社會福利機構，為聲請人。

### （三）效力不同

死亡宣告者，喪失權利能力，其效力為相對的，亦即僅及於失

蹤人住所地為中心之法律關係，若失蹤人事實上生存於其他地方，則在該地所生之法律關係，並不受住所地法院死亡宣告之影響。失蹤人在受死亡宣告後又返回住所地者，已結束之法律關係，固須在撤銷死亡宣告後始能復活，但歸來後新生之法律關係，則不受死亡宣告之影響；至於受監護宣告之人，喪失行為能力，其效力則為絕對的，在監護宣告後，受宣告人之心智即使已恢復健康，但在依法撤銷監護宣告前，仍為無行為能力人。

## 肆、行為能力之效果

### 一、完全行為能力人

完全行為能力人，能獨立以自己名義為完全有效之法律行為，其行為完全有效。

### 二、限制行為能力人

限制行為能力人，僅具有不完全之行為能力，其所為之法律行為，除少數例外情形外，均有賴其法定代理人之從旁輔助，始能有效。述之如下：

#### （一）原則上須得法定代理人之允許

限制行為能力人為意思表示及受意思表示，原則上應得法定代理人之允許，始為有效（民77）。所謂允許，即事前同意之意。法定代理人為允許，得向限制行為能力人或相對人以意思表示為之。限制行為能力人所為之法律行為，**若事前未得其法定代理人之允許，則其效力如次：**

##### 1.單獨行為無效

限制行為能力人未得法定代理人之允許，所為之單獨行為，無效（民78）。單獨行為云者，由當事人一方之意思表示而成立之法律行為也。例如權利之拋棄是。

### 2.契約須經法定代理人承認始有效

限制行為能力人未得法定代理人之允許所訂立之契約，須經法定代理人之承認，始生效力（民79）。所謂承認，即事後同意之意。限制行為能力人於限制原因消滅後，承認其所訂立之契約者，其承認與法定代理人之承認，有同一效力（民81 I）。

此種契約在未經承認前，既非無效，亦非有效，而是屬於效力未定之法律行為之一種。惟一經承認，即溯及契約成立時發生效力。可知此種契約之相對人，在未經承認前，立於不確定之地位，其地位完全操之於法定代理人或限制原因消滅之限制行為能力人之承認與否。職是，我國民法特賦予相對人兩種權利，俾相抗衡，而藉資保護其利益：

### (1)催告權

相對人如欲其契約生效，則得定一個月以上期限，催告法定代理人或限制原因消滅之限制行為能力人，請其確答是否承認（民80 I 及81 II）。如受催告人於所定期限內不為確答者，視為拒絕承認（民80 II 及81 II）。

### (2)撤回權

相對人如不欲其契約生效，則得於未經承認前，將其前所為之意思表示撤回之。但訂立契約時，知其未得有允許者，因屬惡意，咎由自取，不得撤回（民82）。一經撤回，其契約自撤回時起確定不生效力。

## （二）例外得為獨立有效之法律行為

下列法律行為，限制行為人得獨立以自己名義有效為之，毋庸得其法定代理人之允許或承認：

### 1.純獲法律上利益之行為（民77但書）

此等法律行為，不虞損及限制行為能力人之利益，故無須得法定代理人之從旁輔助。例如接受無負擔之贈與或接受債務之免除等行為是。

2.依其年齡及身分日常生活所需之行為（民77但書）

此等法律行為如事事均得法定代理人之同意，其煩瑣不便不難想見，為免過分拘束限制行為能力人生活之自由，民法特別規定無須得其法定代理人之從旁輔助。例如飲食、乘車、買書等是。

3.使用詐術所為之行為

限制行為能力人用詐術使人信其為有行為能力人或已得法定代理人之允許者，其法律行為為有效（民83）。所謂「用詐術」，指使用具體的詐欺手段之情形而言，例如偽造父母之信函使人信其已得允許是。若無具體之詐欺手段則不與焉。限制行為人已能使用詐術，顯見其意思能力已非不足，自無保護之必要，為保護相對人之利益及交易之安全，自應認此種法律行為為有效，而無須得其法定代理人之從旁輔助。此等法律行為，亦稱強制有效之法律行為。

4.處分法定代理人允許處分之財產之行為

法定代理人，允許限制行為能力人處分之財產，限制行為能力人，就該財產有處分之能力（民84）。例如處分零用錢是。所謂處分，指移轉財產上權利之行為而言。

5.法定代理人允許之營業行為

法定代理人允許限制行為能力人獨立營業者，限制行為能力人，關於其營業，有行為能力（民85Ⅰ）。例如僱用員工、買賣貨物等，均無須再得法定代理人之允許。但限制行為能力人，就其營業有不勝任之情形時，法定代理人得將其允許撤銷或限制之（民85Ⅱ），此項撤銷或限制，不得對抗善意第三人；又此項撤銷或限制，僅對將來發生效力。

法定代理人之允許，原應就各個行為個別允許，不得概括為之，亦即不得籠統的對於限制行為能力人之一切行為，一次全部允許，但就某種行為或某類事業之範圍內，加以限定的允許，則非不可，惟我國民法所定屬於限定的允許者，僅上述第4、5兩項。

### 三、無行為能力人

無行為能力人之意思表示無效（民75），應由其法定代理人代為意思表示，或代受意思表示（民76）。所謂法定代理人，謂依法律規定得為本人為代理行為之人，即未成年人之父母或監護人及受監護人之監護人（民1086、1098及1113）。

## 伍、行為能力與其他能力

### 一、行為能力與意思能力

意思能力者，能識別自己行為之結果之精神能力也，包括正常的認識力及預期力二者。我國民法稱為「識別能力」（民187）。意思能力為行為能力之基礎，但二者有下列之不同：

（一）意思能力，為精神上之狀態，亦即係人類之生理現象；行為能力，則為法律上之狀態，亦即係法律創設之現象。

（二）有無意思能力，乃事實問題；有無行為能力，則為法律問題。

（三）無意思能力，必無行為能力；無行為能力，則未必無意思能力。

### 二、行為能力與權利能力

權利能力者，得以獨立之名義享受權利負擔義務之資格也。行為能力，則為得以獨立之名義為有效法律行為，從而取得權利負擔義務之資格。二者之區別如下：

（一）權利能力係空洞之資格；行為能力則為現實之資格。

（二）權利能力，凡人皆有之；行為能力，非凡人皆有之。

（三）有權利能力者未必有行為能力；有行為能力者必皆有權利能力。

　　可知權利能力爲行爲能力之前提，行爲能力則得使權利能力實現，蓋苟無享受權利負擔義務之資格，則現實取得之權利或義務，將無所附麗；反之苟無行爲能力，則無從現實取得權利或義務，則權利能力終爲空洞之名詞。此爲二者之關係。

### 三、行爲能力與責任能力

　　責任能力者，因不法行爲，堪受法律制裁之資格也。行爲時有識別能力（意思能力）之人，有責任能力。責任能力與行爲能力雖均以意思能力（識別能力）爲前提，惟責任能力之有無，須依行爲人行爲時有無意思能力個別審查認定之；而行爲能力之有無，則依法律規定之標準認定之，此二者之不同也。

# 第三項　人格權之保護

## 壹、人格權之意義

　　人格權者，與權利人本身不可分離，而不具客觀換價標準之專屬於權利人之非財產權也。例如生命、身體、自由、貞操、名譽、肖像、姓名、信用、隱私等權利均屬之。

## 貳、人格權之保護

　　人格權受侵害時，被害人雖得依民法債編侵權行爲之規定（民184），請求加害人爲回復（人格權）原狀之措置（民213），不爲或不能回復原狀時，得請求加害人以金錢賠償損害（民214、215）。但我國民法爲加強人格權之保護，復於總則編，加設若干關於人格權受侵害時之救濟規定。分述之：

### 一、一般規定

　　人格權受侵害時，可得救濟之方法有三：

## （一）請求除去侵害

人格權受侵害時，得請求法院除去其侵害（民18 I 前段）。所謂「侵害」，指對人格權所為之不法限制或剝奪之情形。例如以出版物毀損人之名譽，以暴力限制人之自由或破壞人之貞操是。所謂「除去其侵害」，即使侵害之行為或狀態終止之意。是若侵害之行為或狀態，於侵害後已不存在者，自無請求除去其侵害之適用。又法文雖僅標明「得請求法院除去」，但解釋上受害人可不經訴訟而直接請求加害人除去侵害，自不待言。請求除去侵害之權利，稱為「除去請求權」，其成立只須有客觀的侵害事實已足，不以加害人有故意或過失為要件。例如某甲新搬來鄰居原已飼養之狗，與某甲同名，某甲可請求鄰居將狗改名或不再以其名呼叫該狗是。

## （二）請求防止侵害

人格權雖尚未受侵害，惟「有受侵害之虞時，得請求防止之」（民18 I 後段）。請求防止侵害之權利，稱為「防止請求權」，其成立亦不以加害人有故意或過失為要件，與除去請求權之情形同。例如新搬來鄰居，不知某甲之筆名，欲以之為將買之狗名，某甲可請求不得使用是。

## （三）請求損害賠償或慰撫金

人格權受侵害時，以法律有特別規定者為限，得請求損害賠償或慰撫金（民18 II）。「損害賠償」，指侵害人格權所生財產方面損害之賠償，亦即非財產權損害之財產方面損害之賠償；「慰撫金」，指侵害人格權所生精神方面損害之賠償，亦即非財產權損害之精神方面損害之賠償。至所謂法律有特別規定，則指法律就各個人格權之受侵害，特設有得請求損害賠償或慰撫金之明文者而言。例如民法第19條（侵害姓名權之損害賠償）、第192條（侵害生命權之損害賠償）、第193條（侵害身體、健康之損害賠償）、第194條（侵害生命權之非財產上損害賠償）、第195條（侵害身體、健康、名譽、自由、信用、隱私、貞操、其他人格法益情節重大之非財產

上損害賠償）、第227條之1（債務不履行侵害人格權之損害賠償、非財產上損害賠償）等是。此外，不少學者又舉民法第977條第2項、第979條、第999條、第1056條等，認亦屬之。實則，此等條文所定之財產方面或精神方面損害之賠償，均係基於身分契約所發生，似難謂係人格權受侵害得請求損害賠償或慰撫金之特別規定。

於此須說明者，乃人格權亦係一種「權利」，則人格權受侵害時，有無民法第184條之適用？如有其適用，則民法第18條第2項與第184條之關係如何？學者解釋不一，舉其較爲顯明者如次：

### 1.王伯琦先生謂

民法第18條第2項所稱之損害賠償，係指精神上（或非財產上）所受之損害，而以回復原狀爲其賠償方法者（如侵害名譽得請求登報聲明或道歉是）；所稱之慰撫金，應係指精神上所受之損害，而以給付金錢爲其賠償方法者（如第194條及第195條所稱：雖非財產上之損害，亦得請求賠償相當之「金額」之規定是）。至於財產上之損害，則雖無特別規定，亦得依民法第184條侵權行爲之一般規定，請求賠償。[1]

### 2.施啟揚先生謂

民法第18條第2項規定：「以法律有特別規定者爲限，得請求損害賠償或慰撫金」。依通說認爲「損害賠償」係指財產上的損害賠償，「慰撫金」則指非財產上的損害賠償。人格權遭受侵害而發生財產上的損害時，依第184條侵權行爲的規定，當然得請求損害賠償（213至215），無待於法律另有特別規定。第18條第2項將「損害賠償」與「慰撫金」並列，反而引起解釋上的困難，誤以爲兩種損害均於法律有特別規定時，始得請求。正確言之，第18條第2項係專指「非財產上損害」（慰撫金），以有特別規定者爲限，始得請求而言。至於「損害賠償」四字並無意義。在民法上特別規定得請求非財產上的損害賠償者，計有姓名權（第19條的「損害賠償」宜解爲

---

[1]　王伯琦，民法總則，58～59頁。

非財產上損害賠償，否則無意義）、生命權（194）、身體權、健康權、名譽權或自由權（195）等六種人格權。[2]

### 3.王澤鑑先生謂

民法第184條第1項所稱之「權利」，尚包括人格權在內。故在此意義上，亦可謂係屬民法第18條第2項所稱之特別規定，且民法第184條係保護人格權之基礎規範，其所稱損害賠償，除財產上損害外，尚包括非財產損害在內。故被害人因人格權受損害而請求損害賠償者，均須以民法第184條（尤其是第1項前段）為請求權基礎，須具備其所規定之基本要件。準此以言，因故意或過失不法侵害他人之人格權者，關於財產上之損害，被害人得請求回復原狀，其不能回復原狀或回復原狀顯有困難者，得請求金錢賠償（第213條以下）；關於非財產上損害，原則上亦得請求回復原狀，其不能回復原狀或回復原狀顯有困難者，以法律有特別規定者，始得請求賠償相當之金額（慰撫金）。[3]

本書以為，侵害人格權，足以發生損害賠償之責任，其為債之發生之原因，應無疑問。是就侵權行為損害賠償之制度言，人格權之受侵害，當然亦應一體適用民法第184條之規定，請求為損害賠償，與其他權利受侵害之請求損害賠償，並無不同。因此，民法第18條第2項規定，所謂「以法律有特別規定者為限，得請求損害賠償或慰撫金」，應認係就民法第184條所定「損害賠償」之部分，所為之特別規定。亦即**就損害賠償事件，認定人格權是否受侵害時，當然適用第184條有關侵權行為構成要件之規定，但具備侵權行為構成要件後，因人格權係非財產權，故本質上僅得依非財產權損害之賠償方法，請求加害人為回復該人格權原狀之措置（民184、213～215），不生財產權之回復原狀問題**。至於侵害人格權所生財產方面之損害，或精神方面之慰撫，則須法律有特別明文規定者，始得請求。亦即，

---

2　施啟揚，民法總則，100頁。

3　王澤鑑，民法實例研習（二）民法總則，88～89頁。

法律就某項人格權之受侵害，若特別規定得請求「損害賠償」者，則得請求財產方面損害之賠償，若特別規定得請求「慰撫金」，則得請求賠償相當之金額。此為現行法在結構上之解釋所當然。因此，在現行法之下，人格權受侵害或有受侵害之虞者，毋庸證明加害人之故意或過失，即得依第18條第1項規定，請求除去侵害或防止侵害；如請求為回復（人格權）原狀之措置，則須證明加害人具備民法第184條所定侵權行為之要件，依民法第184條及第213條至第215條等規定為請求；至如欲請求為財產方面或精神方面損害之賠償，則除須證明加害人具備民法第184條所定侵權行為之要件外，尚須查法律就其受害之具體人格權設有特別明文規定允許者，始可據以請求。

按我國民法第18條第2項，係仿照德國民法第253條規定：「非財產權之損害，須有法律規定，始得請求以金錢賠償之。」（瑞士民法第28條第2項規定同）而來。德國民法制定當時，學者對於非財產權之損害，得否以金錢為賠償之問題，頗有爭議。否定者認為，以金錢賠償非財產權之損害，無異以金錢滿足被害人之報仇心，與刑罰不分，實屬不可；肯定者認為，人格權與財產權同等重要，如不許以金錢為賠償，則民法對於人格權之尊重，未免有名而無實。最後遂採折衷，明定須有法律規定，始得請求以金錢賠償。並就身體、健康、自由、婦女貞操（德民847、1300）等人格權，特設有得請求金錢賠償之明文。[4]惟此乃一個世紀以前留下之觀念，時至今日，經濟及文化發達之國民，已普遍認為人格權遠較財產權為重要，瑞士債務法第49條，就重大之侵害人格權，已採取均得請求金錢賠償之規定；德國民法雖未修正，但聯邦法院已直接依據憲法第2條保障人格權之規定，判令給與受害人金錢賠償。我國法院亦有儘量將受害之人格權，解為已有規定之六種人格權之趨勢，例如將侵害貞操解為侵害身體或健康是[5]。民國71年修正民法總則時，行政

---

[4]　鄭玉波，民法總則，103頁。
[5]　施啟揚，民法總則，101頁。

院在修正草案中，曾建議刪除民法第18條第2項，以加強人格權之保護，但立法院審議時，予以保留。學者施啟揚亦建議將民法第18條第2項刪除或改為概括規定，使人格權遭受侵害者，皆得請求慰撫金[6]。本書以為，如將民法第18條第2項規定刪除，僅生人格權之侵害，**就損害賠償之部分**，恢復完全適用民法第184條規定之結果，則非財產權損害，除已有得請求財產方面損害或精神方面損害賠償之明文者外，仍只能請求該非財產權之回復原狀或以金錢賠償其損害，與未刪除之情形，並無差異，仍無法達到加強保護人格權之目的。因此，唯有將民法第18條第2項規定，修改為正面之概括規定，例如「前項人格權受侵害之情形，被害人並得請求損害賠償及慰撫金。」始能達到加強保護人格權之目的。至於民法現有特別規定中，僅刪除第19條及第195條即可，餘第192條（對於支出醫療及增加生活上需要之費用或殯葬費之人及法定扶養權人之財產損害賠償）、第194條（對於被害人之父母子女及配偶之非財產損害之賠償）等，係就第三人得請求損害賠償或慰撫金之規定，而第193條，係就身體或健康受侵害，得請求損害賠償之範圍及定為支付定期金之特別規定，故仍可保留。

須特別說明者，乃德國民法第253條，係其「債」編之條文，且係「非財產權損害不得以金錢賠償」之原則規定。我國民法第18條第2項，雖係基於此一原則而設之加強保護人格權之規定，但因我國民法在法條之繼受上並不完全，未於債編設如德國民法第253條之原則規定，以致在我國民法上，非財產權（包括人格權、身分權、其他非財產利益）損害本身，並無不得以金錢賠償之限制。亦即，在我國民法上，財產權損害與非財產權損害，在賠償方法上並無不同，均以回復原狀（民213）為原則，債務人不為回復（民214），或不能回復原狀或回復顯有重大困難者（民215），均應以金錢賠償其損害。質言之，非財產權損害本身，依民法第213條至第215條，

---

[6] 施啟揚，民法總則，101～102頁。

請求回復原狀或以金錢爲賠償，並無適用上之限制。我國法院將侵害貞操解爲侵害身體或健康，使貞操之被害人，得請求以金錢賠償其貞操之損害，實無必要。於加強保護人格權之呼聲高漲之今日，突見我國民法繼受不完全之結果，反成先進，頗富趣味。或係立法者之有意，而非繼受不完全，亦未可知。

　　茲爲理解上之方便，特將上述主要意旨，表述如下：

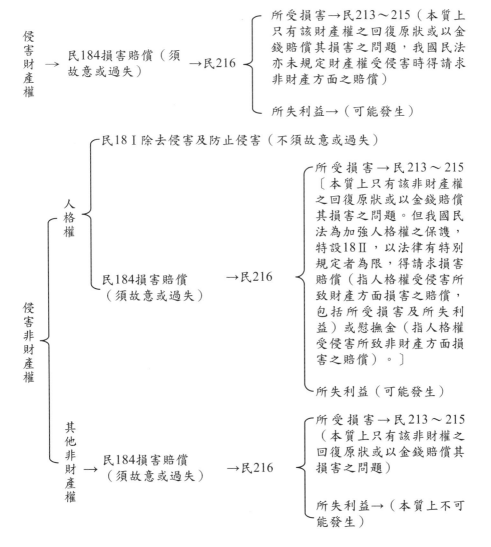

須說明者，乃人之身體不是物，以人之身體爲基礎而生之人格權，自不得爲交易之標的，因此人格權在本質上似無發生消極損害（例如利用生命、身體、自由、貞操、名譽、信用、隱私……預計將有百萬元收入，因被殺而未能取得，所生之損害）之餘地。惟在經濟、文化發展快速之台灣，若干人格權之受侵害已不無發生消極損害之可能，例如某影星已與某大企業約定，以錄影及拍照（肖像權）出名（姓名權）製作文宣之方式，爲其產品之代言人，酬勞百萬元，惟不及錄影即被車撞身死，以致未能取得代言酬勞之損失是。至於其他非財產權，則尚未見可能發生消極損害之情形。

## 二、特別規定

民法總則編就下述三種人格權之保護另設特別規定：

### （一）姓名權之保護

姓名權受侵害時，得請求法院除去其侵害，並得請求損害賠償（民19）。所謂姓名權，即使用姓名之權利。所謂姓名，乃區別人我之一種符號，包括字、別號、筆名、藝名、神職人員或教友之聖名、法號、法人及其商品之名稱等，及各該縮寫、簡稱在內。侵害姓名權之態樣有四：1.冒用他人之姓名（例如冒用某名醫名義行醫、或假藉某財團法人名義刊登不當之廣告）；2.妨礙他人使用姓名（例如將候選人宣傳單或旗幟上之姓名塗去或遮蔽）；3.應使用他人姓名而不使用（例如受邀參加會議，主辦單位備有名單，但漏列某與會者之姓名）；4.不適當之使用他人姓名，包括念錯音（例如將陸鍇念成ㄌㄨˋ ㄐㄧㄝ或ㄍㄧㄡˋ ㄐㄧㄝ）、念諧言（例如呼張魁爲髒鬼）、寫成別字（例如將陳猷龍寫成陳猶龍）、或以他人之姓名爲動物之名稱等。姓名權受侵害時，受害人可得之救濟有：

#### 1.請求除去或防止侵害

民法第19條就此部分之規定與民法第18條第1項規定前段同其內容，但卻缺少「有受侵害之虞時，得請求防止之。」等語，致解釋上發生困難，應認係贅文。宜將「得請求法院除去其侵害」等語刪

去。亦即姓名權受侵害時，被害人依民法第18條第1項規定，本得請求法院除去其侵害，有受侵害之虞時，得請求防止之。

### 2.請求損害賠償

如因姓名權受侵害而發生財產方面之損害（例如因精神痛苦支出醫療費用，或未能上工而損失工資）者，可請求損害賠償。至於精神方面損害之慰撫金，因民法第19條並未規定及之，故不得請求。此之損害賠償，有認為亦以有客觀的侵害事實已足，不須加害人具備故意或過失之要件者[7]。如此，則前舉例某甲若因鄰居原已飼養之狗與其同名，而受有財產方面之損害，當得請求賠償。但人格權受侵害，當然有民法第184條之適用，前已言之，故加害姓名權之人，仍須具有故意或過失，被害人始可請求財產方面損害之賠償。至於得請求回復原狀（民184、213～215），則不待言。

### （二）自由之保護

自由亦係人格權之一種，民法第17條對之設有消極性之保護規定：

### 1.自由不得拋棄（民17 I）

此為禁止規定，違反此一規定之行為無效（民71），例如約定自願受他人監禁，或相約終身不婚之契約均屬無效是。所稱拋棄，指全部捨棄而言，若部分拋棄，則為自由之限制之問題。自由不得拋棄，乍視之似為權利行使之限制，實則為權利之保護規定，蓋自由若得有效拋棄，則必為強而惡者所乘，造成弱肉強食之局面，而侵害者卻為法律所不過問，不當殊甚。規定自由之拋棄無效，正所以保護自由也。

### 2.自由之限制，以不背於公序良俗者為限

自由雖不得拋棄，惟不能不受限制，蓋自己不欲受他人侵害自由，他人亦不欲受侵害，則欲共存共榮，勢非對個人之自由加以必要之限制不為功，基此理由我國民法乃規定自由應受限制（民17 II

---

[7]　鄭玉波，民法總則，105頁。

前段）。例如就職謀生，應受僱傭契約之拘束，自由亦受限制是。但自由之限制如超過正當的程度，則不惟有礙個人之正當活動，且有害社會之健全發展，實非國家社會之所幸，故我國民法又規定自由之限制以不背於公共秩序或善良風俗者爲限（民17Ⅱ）。換言之，僅於不違背公共秩序或善良風俗之範圍內，始允許有效限制自由。

### （三）能力之保護

所謂能力，指權利能力與行爲能力而言。二者雖尚非人格權，惟前者乃一切人格權所由生之基礎，後者則爲充實人格權內容之前提，若拋棄前者，則一切人格權均失所附麗，拋棄後者則一切人格權均失其積極意義。究非促使人類文明進步之所當爲。故而我國民法第16條乃規定：「權利能力及行爲能力，不得拋棄。」直接固非針對人格權而設，實則仍屬保護人格權之規定。

# 第四項　住　所

## 壹、住所之意義

住所者，吾人法律生活之中心地也。住所乙詞與「住址」或「戶籍登記地」係屬截然不同之觀念。只須具備法定要件即係吾人之法律生活中心地，至「住址」或「戶籍登記地」則僅係證明住所之法定要件之資料而已。又須注意者，住所係吾人「法律生活」之中心地未必係屬「事實生活」之中心地，所謂「法律生活」之中心地，可由住所在法律上之效果（或作用）見之，列舉其要者如下：

一、住所爲確定失蹤之標準（民8）。

二、住所爲確定債務履行地之標準（民314②）。

三、住所爲確定審判籍之標準（民訴1、刑訴5）。

四、住所爲受送達之處所（民訴136、刑訴55）。

　　五、住所為確定國際私法上準據法之標準（涉外3、4、6、12、20、27、28）。

## 貳、住所之種類

### 一、意定住所與法定住所

　　住所以其成立要件之不同，可分為意定住所與法定住所兩種。前者乃由當事人意思所設定之住所；後者則係由法律所規定之住所。

### 二、自然人之住所與法人之住所

　　住所以其當事人性質之不同，可分為自然人之住所與法人之住所兩種。自然人之住所或為意定，或為法定；法人之住所則概屬法定。

## 參、意定住所

　　意定住所者，由當事人之意思所設定之住所也。意定住所，既係由當事人所設定，自得由當事人予以廢止。分述如次：

### 一、住所之設定

　　依我國民法第20條第1項：「依一定事實，足認以久住之意思，住於一定之地域者，即為設定其住所於該地。」之規定，設定住所必須具備之要件有二：

#### （一）須內心上有久住之意思

　　此為主觀要件。所謂久住之意思，即無期限居住該處所之意思。有無久住之意思，須依客觀之一定事實認定之。亦即依客觀事實認定主觀意思，所謂主觀要件客觀化也。例如甲乙兩地均有居住之事實，但在甲地設籍，應認在甲地有久住之意思是。

### （二）須外觀上有居住之事實

此爲客觀要件。所謂居住之事實，指居住於有久住意思之地域之事實也。只須設定住所時有居住之事實即足，不以嗣後毫無間斷的居住爲必要。因此，嗣後縱離去，只須有回歸之意思（如出外經商、求學或就職），並無不可。

具備上述要件者，即自然的設定住所於該地，換言之，該地依法即爲其住所，有無登記，並非所問。又因內心之久住意思，無須表示，故設定住所之行爲，尚非法律行爲，宜注意及之。

住所雖係依當事人之意思自由設定，惟「一人同時不得有兩住所」（民20 II），此蓋爲避免法律關係之趨於錯綜複雜，而自邏輯推之，在一地有久住之意思，在他地即非久住之意思，故一人「同時」亦不可能設定二個以上之住所。

## 二、住所之廢止

住所之廢止者，依一定事實，足認以廢止之意思，離去住所之謂也（民24）。住所之廢止，其要件有二：

### （一）須內心上有廢止之意思

此爲主觀要件。所謂廢止之意思，即對原住所不再有久住之意思。有無廢止之意思，亦須依客觀之一定事實認定之。例如將戶籍遷至他地，或將原住所之房屋出售等事實是。

### （二）須外觀上有離去其住所之事實

此爲客觀要件。所謂離去其住所，即搬離原住所。只須有搬離之事實即足，雖事後偶又回來居住（成爲居所），亦屬無妨。

具備上述兩要件者，即爲廢止其住所。若僅內心上有廢止之意思，而外觀上實際並未離去，或雖外觀上有離去之事實，但並無一定事實，足認內心上有廢止之意思，均不得謂之爲住所之廢止。又住所之廢止，不以同時設定新住所爲必要，亦即其新至之處所非必

以久住之意思出之也。若廢止現住所，同時又設定新住所，而無時間之相隔，則稱之爲「住所之變更」。

## 肆、法定住所

法定住所者，不問當事人之意思，由法律硬性規定而不容廢止之住所也。法定住所有狹義與廣義之分。狹義法定住所，即法律規定之住所。廣義法定住所，則包括狹義法定住所及擬制住所在內。所謂擬制住所，即因住所不明或因其他條件，由法律規定以居所視爲住所之住所也。一般稱法定住所均係指狹義法定住所而言。

### 一、法定住所

#### （一）無行爲能力人或限制行爲能力人之住所

「無行爲能力人或限制行爲能力人，以其法定代理人之住所爲住所」（民21）。申言之，即未成年之子女，以其父母之住所爲住所（民1060），或以其監護人之住所爲住所（民1091以下）；受監護人以其監護人之住所爲住所（民1110以下）。法律之所以硬性規定此等人之住所，蓋因此等人之法律行爲均須得其法定代理人之從旁輔助，離其法定代理人，即無其法律生活，故須以其法定代理人之法律生活中心地爲其法律生活中心地。

#### （二）法人之住所

「法人以其主事務所之所在地爲住所」（民29）；「公司以其本公司所在地爲住所」（公司3Ⅰ）。可知法人之住所皆屬狹義法定住所。

### 二、擬制住所

遇有下列情形之一者，以居所「視爲」住所，稱之爲擬制住所：

#### （一）住所無可考者（民22①）

所謂住所無可考，包括無住所及住所不明二種情形。例如廢止

原住所而未設定新住所者，爲無住所；戰亂中失散之未成年人，爲住所不明是。

### （二）在我國無住所者（民22②）

所謂在我國無住所，指在外國雖有住所，而在我國無住所之情形而言。若在外國亦無住所，則屬住所無可考。蓋其人在外國雖有住所，惟因外國地域，非我國法律效力之所及，對其人在我國法律生活問題之解決自屬毫無價值，故爲處理其人在我國法律生活所生之問題，乃以其在我國之居所，擬制爲住所，使生與住所同等之效果。惟此一規定，在適用上有一例外，即遇有「依法須依住所地法者，不在此限」（民22②但書）。所謂依法須依住所地法者，即依「涉外民事法律適用法」規定，對於該人法律生活之問題須依照其住所地之法律以爲解決，而不得更易之情形。例如涉外民事法律適用法第28條規定：「依本法適用當事人本國法時，如其國內各地方法律不同者，依其國內住所地法。」此時該人在我國雖有居所，亦不得將居所視爲住所，是爲例外。

### （三）因特定行為選定居所者，關於其行為，視為住所（民23）

此即通稱之「選定居所」，亦即雖有住所，但因特定行爲之需要，臨時選定之住所。例如有一新疆人因來台進行訴訟，在台北臨時選定一居所，此時關於該訴訟之實施，即以台北之居所視爲住所而解決是。此係法律爲便利該行爲之實施，且認當事人就該特定行爲有排斥住所之意思，而設之便宜規定。選定居所，須以意思表示（契約或單獨行爲）爲之，故屬法律行爲，與設定住所之屬事實行爲者不同。

## 伍、夫妻之住所

「夫妻之住所，由雙方共同協議之；未爲協議或協議不成時，得聲請法院定之。」「法院爲前項裁定前，以夫妻共同戶籍地推定爲其住所。」（民1002）是爲夫妻住所之規定。分述之：

## 一、夫妻共同協議住所

　　夫妻之住所，由雙方共同協議之。此乃本於夫妻平等原則，所為之規定。理念雖然正確，惟所謂協議，只須夫妻內部意見一致即屬之，民法並無方式之限制，亦無須登記，第三人如何得知？又共同協議之態樣亦無限制，故理論上，夫妻得協議之態樣有：（一）不設住所；（二）以夫之住所為住所；（三）以妻之住所為住所；（四）夫妻二人之住所均為住所；（五）以第三人之住所為住所；（六）以非屬他人住所之處所為住所。是否均屬有效，而得對第三人主張？頗成問題。

## 二、聲請法院定之

　　夫妻之住所，未為協議或協議不成時，得聲請法院定之。法院為前項裁定前，以夫妻共同戶籍地推定為其住所。所謂未為協議，指夫妻從未進行住所之商談而言。所謂協議不成，指夫妻已進行住所之商談但不得結果而言。所謂聲請法院定之，指以非訟方式聲請，由法院決定夫妻之住所，固無疑問。惟究應以夫妻為共同聲請人？抑應以夫妻之一方為聲請人，他方為相對人？又法院得決定以夫妻一方之住所為其住所，是為當然，惟是否得決定以夫妻以外第三人之住所或以非屬他人住所之處所為其住所？此外，所謂「得」聲請法院定之，若夫妻不為聲請，則如何？夫妻是否即成無住所？最後，所謂「法院為前項裁定前，以夫妻共同戶籍地推定為其住所」，亦有問題，蓋夫妻共同戶籍地，實為夫妻共同以久住之意思住於一定之地域之證明，依民法第20條規定，即係夫妻之住所，何須「推定」為其住所？另夫妻若無共同戶籍地，亦即夫妻分別設籍，則如何？又以夫妻共同戶籍地為住所，限於「法院為前項裁定前」之情形，亦不周延，夫妻未為協議或協議不成之情形，實亦應包括在適用範圍。

　　綜合上述，可知民法第1002條修正後之規定，太過於專注夫妻平等之原則，以致缺漏百出。按夫妻結合成一家，已不分你我，住

所之決定標準，宜符合社會生活方式，及單純明確之原則，修正前民法第1002條規定：「妻以夫之住所爲住所，贅夫以妻之住所爲住所。但約定夫以妻之住所爲住所，或妻以贅夫之住所爲住所者，從其約定[8]。」已考慮到夫妻居住設籍之一般情形，及夫妻得爲相反約定之平等原則，並非不可接受。若欲更加彰顯夫妻平等，其實只須調整「妻以夫之住所爲住所，贅夫以妻之住所爲住所」之從屬句法，改用生活的平等用語，修正爲「夫妻以共同戶籍地爲住所，戶籍地不同時，由雙方協議定之，未爲協議或協議不成，以各自戶籍地爲住所。」即可。

## 陸、居　所

### 一、居所之意義

居所者，無久住意思之暫時居住處所也。例如學生住校、囚犯在監、就職住宿等處所均是。在同一時間內住所以外之處所，既均非以久住之意思而爲居住，自只能爲居所，故居所之個數並無限制。又居所係以無久住之意思爲其認定標準，苟無久住之意思，縱居住多年，仍爲居所。關於居所在法律上之效力，即前述擬制住所之內容，茲不復贅。

---

[8]　民法第1002條原規定：「妻以夫之住所爲住所。贅夫以妻之住所爲住所。」民國74年6月3日修正爲：「妻以夫之住所爲住所，贅夫以妻之住所爲住所。但約定夫以妻之住所爲住所，或妻以贅夫之住所爲住所者，從其約定。」修正理由謂：「爲尊重夫妻間設定住所之意願，增設但書，規定在嫁娶婚夫妻得約定夫以妻之住所爲住所，在招贅婚夫妻得約定妻以贅夫之住所爲住所，以期達成婚姻幸福之目的。」
民國87年6月17日再修正爲現行條文，修正理由爲：「1.妻以夫之住所爲住所，不合男女平等之原則，爰修正爲夫妻之住所由雙方共同協議定之。2.又夫妻之住所爲夫妻生活之重心，對訴訟之管轄及離婚惡意遺棄要件之認定具有相當之影響，在夫妻就住所之決定無法協議時，有由法院介入決定之必要。3.廢招贅婚制度。」

## 二、居所與住所之區別

居所與住所，均係人之生活處所，此為二者之所同，惟二者有下列之區別：

（一）住所以當事人有久住之意思為必要；居所則以當事人無久住之意思為必要。

（二）一人不得同時有兩個以上之住所；居所之個數則法無限制。

（三）住所有意定住所與法定住所之分；居所則概依當事人之意思以為認定，別無法定居所之分。

## 二、居所與選定居所之區別

居所與選定居所雖均為居所，惟二者有下列之區別：

（一）居所只須有居住之事實即可；選定居所則須當事人有臨時選定之行為。

（二）居所視為住所，對於一切法律上之效果，皆與住所同；選定居所視為住所，則僅關於該行為與住所生同等效果，以外之法律關係，仍須就其原住所以為解決。

（三）居所視為住所，係為本無住所或住所不明者而設；選定居所視為住所，則係為住所遠隔者而設。

# 第二節　法　人

## 第一項　總　說

### 壹、法人之意義

法人者，自然人以外，在一定條件下由法律賦予人格之組織體

也。分述之：

### （一）法人係自然人以外之人格者

得爲權利義務主體之資格稱爲人格。凡人均具有人格，而人包括自然人及法人二者，故法人係自然人以外之人格者。

### （二）法人係一種組織體

法人係由多數人或一定財產集合而成，故爲組織體。

### （三）法人之人格係在一定條件下由法律所賦予

法人之人格非與生俱有，蓋法人爲一種組織體，而組織體非盡爲法人，必也滿足一定法律條件，法律始賦予人格，所謂一定條件即法人設立登記所需之條件也。

## 貳、法人之本質

法人何以取得獨立人格？亦即法人之本質如何？歷來學說不一，主要者有三，分述如次：

## 一、法人擬制說

此說認爲得爲權利義務之主體者，以自然人爲限，自然人以外別無權利義務主體之存在，至法人之所以取得人格，乃係由法律將其擬制爲自然人所得之效果。

此說固非無見，惟忽略一項事實，即自然人之人格亦係法律所賦予，非與生俱有。立論尚非允當。

## 二、法人否認說

此說不承認人類社會有法人之實體存在。又可分三派：

### （一）無主財產說

此說認爲，凡財產有屬於特定之人者，有屬於特定之目的者，前者屬於其主體而供其使用，謂之「屬人財產」，後者非屬於其主

體，乃係屬於其目的，而供其目的之利用，謂之「目的財產」。法人不具人格，故其財產本屬無主，僅爲因一定目的而存在之無主財產而已。

### （二）受益者主體說

此說認爲，所謂權利之主體，即係利益歸屬者。法人不具人格，故其財產利益係歸屬於因法人而受利益之多數人。亦即社團法人之財產，歸屬於社員；而財團法人之財產，歸屬於貧者、病者或其他享受財團利益之特定人。

### （三）管理者主體說

此說認爲，法人不具人格，故其財產，非屬於法人之本身，乃屬擔任法人財產管理之自然人。

上述三說，均係就法人不具有人格之立場，加以實質的觀察，洵屬有見。惟由於現代法律均已承認法人之具有人格，故此說已不合時宜。

## 三、法人實在說

此說認爲法人係屬實體存在之人格者。又分爲二：

### （一）有機體說

此說認爲人類社會中除自然人外，尚有許多的結合體存在，此等結合體可因內在之統一成爲統一體。至此等統一體本質上屬於社會的有機體（即有生活機能之社會體），其所有之意思則爲團體意思。復因其具有團體意思，故應認其具有人格，而成爲法人。

此說以有團體意思，即應賦予權利能力（人格），與現代法制咸認意思能力係行爲能力之前提，非權利能力之基礎之觀念，顯有未合。且所謂團體意思云云，事實上亦僅係個人意思之結合，與獨立單一之意思仍有不同也。

## （二）組織體說

此說認爲法人之所以具有人格，乃因其本質上即有適於爲權利主體之組織。此項組織即具有一定目的之社團或財團是也。

此說就法律何以對於組織體即應賦予權利能力，雖亦尚未能詳明，惟其可議之處較少，故已爲我國及日本學者間所共認之通說。

# 參、法人制度之必要

法人本質之學說雖有如上述，實則均嫌過於理論而不合乎實際。然則法人之本質實際爲何？一言以蔽之，法人能擔當社會作用，而具有社會價值，法律有賦予其人格之必要，故賦與之也。至於何以有此必要，分述如次：

## （一）社團制度之必要

社會事業，如僅能以個人或合夥方式經營，則因個人之能力及生命均屬有限，而合夥僅係由各當事人間契約而成立，對外並無獨立人格，較之個人經營仍未見高明。故而每因人力、財力之不足或個人之死亡，而影響社會事業之發展與存續。爲此法律乃有使集合多數人之人力或財力之組織體具有人格之必要，俾能發展與永續個人或合夥所不能完成之社會事業。此種集合多數人之人力或財力且人格永續之組織體，即爲社團。

## （二）財團制度之必要

吾人爲達成某種非個人之目的，而集合一定之財產者，事所恆有，例如捐助育幼院、圖書館、醫院等，皆其適例。此等業經集合之一定財產若委諸個人經營，則每因該個人之中飽漁利、生死存亡，而影響其目的之達成，甚而財產化歸烏有。爲此法律乃有使此財產之集合體具有人格之必要，俾其目的不因管理人之交替而動搖，且該財產集合體須有一定之組織，使其財產毫無無故虧損之虞。此種具有一定組織與目的之財產集合體，即爲財團。

# 肆、法人之種類

法人，基於各種不同之標準，可區別爲下列各類：

## 一、公法人與私法人

### （一）區別之標準

公法人與私法人區別之標準，說者不一，計有：

#### 1.目的事業區別說

謂公法人與私法人之區別，應以其目的事業爲公或爲私爲標準，目的事業係爲公者爲公法人，目的事業爲私者爲私法人。

#### 2.設立者區別說

謂公法人與私法人之區別，應以其設立者爲公家或私人爲標準，設立者爲公家者爲公法人，設立者爲私人者爲私法人。

#### 3.利害關係區別說

謂公法人與私法人之區別，應以其對國家有無特別利害關係爲標準，對國家有特別利害關係者爲公法人，無特別利害關係者爲私法人。

#### 4.社會觀念區別說

謂公法人與私法人之區別，應依社會上一般觀念以爲決定，並無不變之標準。

#### 5.準據法區別說

謂公法人與私法人之區別，應以其設立之準據法爲公法或私法爲標準，此說已成爲今日之通說。申言之：

##### (1)公法人

凡依公法而設立之法人，曰公法人。此種法人乃以處理國家之公共事務爲目的，例如「國家」及「地方自治團體」是。

##### (2)私法人

凡依私法設立之法人，曰私法人。此種法人乃以處理個人意思

決定之事務為目的，例如私立學校及公司是。民法係私法，故其有關法人之規定，原則上僅私法人有其適用。

### （二）區別之實益

吾人將法人區別為公法人及私法人二者，其實益不外在於解決下列問題：

#### 1.訴訟管轄之問題

對於公法人之訴訟，多屬於行政法院管轄；而對於私法人之訴訟，則由普通法院管轄。

#### 2.侵權責任之問題

公法人對於侵權行為，以法律有規定者為限，始負責任；而私法人對於侵權行為則一概應負責任。

#### 3.犯罪之認定問題

刑法上之瀆職罪，多適用於公法人之職員；而私法人之職員則多不適用。又偽造屬於公法人之文書，為公文書之偽造；而偽造屬於私法人之文書，則為私文書之偽造。

## 二、社團法人與財團法人

### （一）區別之標準

此種分類，係以法人成立基礎之不同為標準。申言之：

#### 1.社團法人

以社員為成立基礎之法人稱為社團法人。社團法人依其設立目的之不同又可分為二：(1)以謀各社員經濟上之利益為目的者，曰營利社團法人，例如公司、合作社是。(2)以謀各社員非經濟上之利益為目的者，曰公益社團法人，例如各種職業公會、工會、農會、商會、漁會、同學會、同鄉會、宗親會、俱樂部等是。須說明者，學者有認為如同學會、同鄉會、宗親會、俱樂部等，並非屬公益之範圍，而為中間社團者。其次，關於此類中間社團之性質，則有三說：第一說認為在民法上無所歸屬，如無特別法之規定，不能取得

法人資格，而為無權利能力之社團者；第二說認為仍屬民法上之社團，得依民法之規定取得法人資格，但不必得目的事業主管機關之許可者；第三說認為公益社團應從廣義，非營利即屬公益，無承認中間社團存在之必要，此類社團仍須得目的事業主管機關之許可者。第二說為較多數說。本書認為此類社團難謂無謀各社員之非經濟上利益之目的（聯誼、團結至少有精神上之利益），故從第三說。

### 2.財團法人

以捐助一定之財產，為成立基礎之法人稱為財團法人。財團法人設立之目的均係為公共利益，故均為公益法人。例如救濟院及私立學校是。

## （二）社團法人與財團法人之比較

社團法人與財團法人有下列各點之不同：

### 1.基礎不同

社團法人以社員為組織之基礎；財團法人則以捐助財產為組織之基礎。

### 2.目的不同

社團法人有以公益為目的者，亦有以營利為目的者；財團法人則均以公益為目的。

### 3.機關不同

社團法人有意思機關，即社員總會；財團法人則無意思機關。

### 4.組織不同

社團法人之組織富於彈性，得隨時變更；財團法人之組織則具有固定性，不得隨時變更。

### 5.依據不同

營利社團法人，其設立採準則主義，合於法律設定之準則，即可設立；公益社團法人及財團法人，其設立則採許可主義，須經目的事業主管機關之許可，方得設立。

## 三、公益法人與營利法人

### （一）區別之標準

此種分類，係以法人設立目的之不同為標準。申言之：

#### 1.公益法人

以謀公共利益為目的而設立之法人稱為公益法人。所謂謀「公共」利益，不必為社會一般人之利益，即為謀全體社員非經濟上之利益者，亦屬之。例如同鄉會及俱樂部是[9]。又所謂以公共利益為「目的」，指以公益事業為其終局目的而言。公益事業進行中，間有部分營利行為，若其所得利益並不分配於社員，而以之從事公益事業者，仍不失為公益法人。例如救濟院公演話劇籌募基金是。

#### 2.營利法人

以營利為目的而設立之法人稱為營利法人。所謂「營利」，指增加社員經濟上之利益及減少社員經濟上之不利益二種情形。前者之法人例如公司，後者之法人例如合作社。營利法人，僅社團法人中有之。

### （二）公益法人與營利法人之比較

公益法人與營利法人有下列各點之不同：

#### 1.設立準據法不同

公益法人，除有特別法（如工會依工會法）外，應依民法規定設立之；營利法人則須依特別法之規定設立之。

#### 2.設立程序不同

公益法人於向主管登記機關為設立登記前，須先得其目的事業主管機關之許可；營利法人則無須先得許可。

#### 3.設立目的不同

公益法人以謀公共利益為其設立目的；營利法人則以營利為其設立目的。

---

[9] 參照20院507。

## 四、內國法人與外國法人

### （一）區別之標準

此種分類究應以何者爲標準，各國立法例不一，計有下列各種主義：

#### 1.準據法主義

認爲依本國法律設立者爲內國法人，依外國法律設立者爲外國法人。例如美、英、荷等國是。

#### 2.住所地主義

認爲法人之主事務所所在地在本國者爲內國法人，主事務所所在地在外國者爲外國法人。例如法國是。

#### 3.控制者主義

認爲法人之多數社員爲本國人者爲內國法人，多數社員係外國人者，爲外國法人。例如第一、二次世界大戰期間之法國是。

我國民法採準據法主義（參見民25、公司4、外人投資3Ⅱ）。

### （二）內國法人與外國法人之比較

內國法人與外國法人有下列各點之不同：

#### 1.設立準據不同

內國法人係依本國法律設立者；外國法人則係依外國法律設立者。

#### 2.設立程序不同

內國法人只須爲設立登記即可成立；外國法人則於本國設立登記前尚須得本國政府之認許。

#### 3.權利義務不同

內國法人之權利能力之範圍依本國法之規定；外國法人之權利能力之範圍則較之同種類之內國法人，除須受有專對外國法人而設之法令限制（總則施12Ⅰ）外，尚有關於外國自然人之限制（總則施2），外國法人亦須同受限制。

4.消滅原因不同

內國法人之人格,因解散而進行清算,至清算終結時消滅;外國法人在我國之人格,則因其申請撤回認許(公司378)或被撤銷認許(公司379、總則施14)而進行清算(公司380),至清算終結時消滅。

# 第二項　法人之設立

## 壹、法人設立之意義

法人之「設立」云者,使法人具有實體而取得人格之行為也。

## 貳、法人設立之立法主義

法人之設立,其立法主義有五:

### (一)放任主義

亦稱自由設立主義,即法人之設立,一任設立人之自由,法律不加干涉之主義。瑞士民法對於非營利法人採之。

### (二)特許主義

即每一法人之設立,均須經特別立法,或經國家元首以命令特許之主義。我國中央銀行法採之。

### (三)許可主義

亦稱行政許可主義,即法人之設立,須經行政機關許可之主義。我國民法對於公益法人採之。

### (四)準則主義

即法人之設立,只須具備法定條件即可之主義。我國民法及日本民法對於營利法人採之。

### (五)強制主義

即法人之設立,由國家強制為之之主義。近世各國對於特殊產

業或團體，每採用此種主義。

我國法律對於法人之設立，所採取之主義，究爲如何？分述如次：

### 1.公益法人採許可主義

所謂公益法人，指公益社團法人與財團法人二者。公益法人於向主管登記機關爲設立登記以前，均應得「主管機關」之許可（民46、59）。所謂「主管機關」，乃指主管法人目的事業之行政機關而言。例如文化事業由教育部主管，慈善事業由內政部主管是。

### 2.營利法人採準則主義

所謂營利法人，指營利社團法人。例如公司依公司法所定之條件，即可設立是。

### 3.國家銀行採特許主義

例如爲中央銀行之設立，而制定中央銀行法特許之是。

### 4.職業團體採強制主義

例如律師公會、醫師公會、會計師公會等須強制設立是。

## 參、法人設立之要件

欲使法人具有實體而取得人格，必須具備下列要件：

## 一、須有設立人

社團法人係以人爲其成立基礎，自須有設立人；財團法人雖非以人爲其成立基礎，惟亦有捐助財產之人，此人即屬設立人。至設立人之人數，解釋上，社團法人須在二人以上，財團法人則縱僅一人亦無不可。

## 二、須依據法律

「法人非依本法或其他法律之規定，不得成立」（民25）。所謂「其他法律」，指民法以外之特別法而言。例如公司法、合作社

法等是。又此之謂「法律」，係指立法院三讀通過，總統明令公布，而名爲法、律、條例、通則之條文。命令不包括在內。

## 三、須訂定章程

設立社團者，應訂定章程。其應記載之事項有七：（一）目的；（二）名稱；（三）董事之人數、任期及任免。設有監察人者，其人數、任期及任免；（四）總會召集之條件、程序及其決議證明之方法；（五）社員之出資；（六）社員資格之取得與喪失；（七）訂定章程之年、月、日（民47）。此爲必要記載事項，如缺其一，則章程無效。又社團之組織，及社團與社員之關係，以不違反民法第50條至58條之規定爲限，得以章程定之（民49）。此則爲任意記載事項，但一經記入，即與必要記載事項有同等之效力。

「設立財團者，應訂立捐助章程。但以遺囑捐助者，不在此限。捐助章程，應訂明法人目的及所捐財產。以遺囑捐助設立財團法人者，如無遺囑執行人時，法院得依主管機關、檢察官或利害關係人之聲請，指定遺囑執行人」（民60）。以遺囑捐助者，之所以毋庸訂立捐助章程，乃因遺囑須具備法定方式（民1189以下），對財團之目的及所捐之財產，當已載明，自無另訂章程之必要。以遺囑捐助設立財團法人者，應由遺囑執行人辦理財團之設立。

所謂章程，乃規定法人組織及其他重要事項之規則。所謂訂定章程，乃由設立人以一致之同意，議決法人組織及其他重要事項，並記載於書面之行爲。性質上屬共同行爲。

## 四、公益法人須先得許可

財團法人及以公益爲目的之社團法人，於向主管登記機關爲設立登記之前，須先得其目的事業主管機關之許可（民46、59）。

## 五、須爲設立登記

「法人非經向主管機關登記，不得成立」（民30）。所謂主管

機關，係指主管法人登記事務之機關。依民法設立之法人，其主管登記之機關，為該法人事務所所在地之法院（總則施10Ⅰ）；至依「其他法律」設立之法人，其主管登記之機關，則依該「其他法律」之規定決定之。

　　社團設立時，應登記之事項有九：（一）目的；（二）名稱；（三）主事務所及分事務所；（四）董事之姓名及住所。設有監察人者，其姓名及住所；（五）財產之總額；（六）應受設立許可者，其許可之年月日；（七）定有出資方法者，其方法；（八）定有代表法人之董事者，其姓名；（九）定有存立時期者，其時期（民48Ⅰ）。

　　財團設立時，應登記之事項有八：（一）目的；（二）名稱；（三）主事務所及分事務所；（四）財產之總額；（五）受許可之年月日；（六）董事之姓名及住所。設有監察人者，其姓名及住所；（七）定有代表法人之董事者，其姓名；（八）定有存立時期者，其時期（民61Ⅰ）。

## 肆、法人設立登記之主義

　　法人設立是否須經登記，各國立法例不盡相同，有二種主義：

### （一）對抗要件主義

　　法人之取得人格，不以登記為必要，僅因未經登記，不得對抗第三人而已。日本民法採之。

### （二）成立要件主義

　　法人之取得人格，以登記為必要，若未經登記，則不得成立。德國民法及我國民法均採之。

# 第三項　法人之能力

　　法人之能力，指法人之權利能力、行為能力與侵權行為能力而

言，分述如次：

## 壹、權利能力

法人既具有人格，自具有享受權利負擔義務之資格。有問題者，乃法人之權利能力始於何時？終於何時？又法人之權利能力與自然人之權利能力是否相同？分述之：

### 一、法人權利能力之始終

法人非經登記，不得成立（民30）。又法人至清算終結止，在清算之必要範圍內，視爲存續（民40Ⅱ）。故法人之權利能力，應解爲始於設立登記完畢。而終於清算終結。

### 二、法人權利能力之限制

法人與自然人雖同具有人格，但因二者本質迥異，故法人之權利能力自與自然人亦有所不同。法人之權利能力受有二種限制：

#### （一）法令上之限制

法人於法令限制內，有享受權利負擔義務之能力（民26前段）。亦即法人之權利能力除得以法律限制外，尚得以命令限制之。此與自然人之權利能力，唯以法律始得限制者，有所不同。

#### （二）性質上之限制

專屬於自然人之權利義務，法人不得享有（民26但書）。所謂專屬於自然人之權利義務，例如以自然人之身體存在爲前提之生命權、自由權，或以自然人之身分存在爲前提之家長權、親權、法定繼承權、夫妻同居義務，或以人之身體勞務爲給付之債務等即是。

## 貳、行爲能力

法人有無行爲能力？因關於法人本質所採學說之不同而異其結論。採法人擬制說者，認法人無行爲能力。蓋法人既爲法律所擬制，自無意思能力，而意思能力乃行爲能力之基礎，無意思能力自

亦無行為能力。至法人之得以取得權利或負擔義務，則須由其代理人為之。亦即認法人之董事乃法人之法定代理人，其行為非法人之行為，而係董事自身之行為，僅其效果直接歸屬於法人而已。至採法人實在說者，則認法人有行為能力。蓋法人亦有其團體意思，代表法人之機關，依此意思而為之行為，非為其個人之行為，而是法人自身之行為。我國民法關於法人之本質係採實在說，自應解為法人具有行為能力。

## 參、侵權行為能力

　　法人有無侵權行為能力，說者不一。論者雖有以我民法第28條：「法人對於其董事或其他有代表權之人因執行職務所加於他人之損害，與該行為人連帶負賠償之責任。」僅係法人有賠償責任之規定，與侵權行為能力尚屬有別者。惟依代表之法理，董事或其他有代表權之人所為執行職務之行為，即係法人之行為，則其因執行職務而加損害於他人之行為，自應認屬法人之侵權行為，乃當然之理，故法人有侵權行為能力。茲將法人侵權行為之成立要件，列述如次：

## 一、須為董事或其他有代表權之人之行為

　　所謂「董事」，乃法人之代表機關，其職務行為即為法人自身之行為。所謂其他有代表權之人，指董事以外，有權代表法人之機關而言。例如清算人、公司之重整人是。至非有權代表法人之機關，例如監事、課長、辦事員……等等，其職務行為若侵害他人權利，法人應負僱用人之賠償責任（民188），與民法第28條無涉。

## 二、須為執行職務之行為

　　董事或其他有代表權之人所為非執行職務之行為，與法人無關，自無令法人負責之理。至如何得謂為「執行職務」，向有主觀說與客觀說之爭，主觀說者認為，應以行為人主觀上是否有為法人執行職務之意思，為判斷執行職務行為之標準。客觀說者認為，應

以其行為在客觀上是否與其職務有關聯，為判斷執行職務行為之標準。通說認客觀說較為可採。是則：（一）在外觀上可認係職務上行為者，或（二）與職務有牽連關係之行為，均屬「執行職務」之行為。

## 三、須為侵權行為

即董事或其他有代表權之人之職務行為，須具備民法第184條第1、2項所定侵害他人權利之要件。蓋若非屬侵權行為，即無賠償責任之可言也。

## 四、須由法人與行為人負連帶賠償責任

法人代表機關職務上之侵權行為，雖為法人之侵權行為，惟既假諸自然人，則為實際行為之自然人自亦不能辭其責。基此理由，民法第28條乃規定，行為人與法人應負連帶賠償責任。籍資保護被害人之利益及大眾交易之安全。所謂「連帶賠償責任」，即法人及行為人，應為連帶債務人，被害人得向其分別或共同，先後或同時請求全部或一部之損害賠償之謂（民272、273）。

# 第四項　法人之機關

## 壹、法人機關之意義

法人之機關云者，指法定之法人內部組織之構成部分也。換言之，法人為一組織體，組織必有其構成組織之各種部分，此各種部分，即為法人之機關也。

## 貳、法人機關之種類

法人之機關可分為三：

### （一）意思機關

即社員總會。僅社團有之。

## （二）執行機關

即董事。乃法人必備之常設機關，社團法人財團法人均有之。

## （三）監察機關

即監察人。乃法人得設之機關，社團法人財團法人均得設之。

# 參、意思機關——社團之總會

## 一、總會之意義

總會者，由社員組成，而爲社團所必備之最高意思機關也。分言之：

### （一）總會者社團之機關也

總會是社團法人內部組織之一構成部分。

### （二）總會者社團之意思機關也

總會之功用在決定社團法人之意思。

### （三）總會者社團之最高機關也

社團法人以總會爲最高機關（民50Ⅰ）。所謂最高，即權限最大之謂也。

### （四）總會者社團之必備機關也

社團法人必須設置總會，不得任意廢除，更不得不設。

### （五）總會者乃社員所組織之機關也

總會之構成份子爲社員，故亦稱社員總會。

## 二、總會之權限

法人一切事務，除法律或章程另有規定外，總會均有議決之權。依我國民法第50條第2項規定，下列事項，並應經總會之決議：

### （一）變更章程

章程爲社團法人之組織法，非經總會決議，不得變更。

### （二）任免董事及監察人

董事爲社團法人之代表機關及執行機關，監察人爲監察法人事務執行之機關，甚關重要，其任免應經總會之決議。

### （三）監督董事及監察人職務之執行

總會之決議應由董事執行之，又監察人行使監察權，是否允當，宜加監督，故總會應監督之。

### （四）開除社員

但以有正當理由時爲限。

## 三、總會之召集

總會必須開會始能活動，而開會須經召集。所謂「召集」，乃有召集權人向各社員發出開會之通知也。茲分召集人及召集程序述之：

### （一）召集人

總會由董事召集之，董事不爲召集時，監察人得召集之（民51）。在例外情況下，亦得由社員召集之（民51Ⅲ）。

### （二）召集程序

總會因召集之是否定期，可分爲「定期總會」與「臨時總會」二種，其召集程序亦有不同：

**1.定期總會**

由董事依章程所定之時召集之，但每年至少須召集一次。

**2.臨時總會**

董事認爲必要時，得隨時召集之。另如有全體社員十分之一以上之請求，表明會議目的及召集理由，請求董事召集臨時總會時，董事亦須召集之（民51Ⅱ）；董事於受請求後，如在一個月內不爲召集者，則亦得由請求之社員，經法院之許可，召集之（民51Ⅲ）。

「總會之召集，除章程另有規定外，應於三十日前對各社員發出通知。通知內應載明會議目的事項。」（民51Ⅳ）

## 四、總會之決議

### （一）決議之意義

決議者，乃會議席上由一定數之表決權人所爲之意思表示，平行的趨於一致之共同行爲也。

### （二）決議之種類

總會之決議可分爲二種：

1.普通決議

普通決議者，以出席社員過半數所爲之決議也（民52Ⅰ）。出席人數多寡，法無明文，解釋上須有三人以上之社員出席，始得開會。又屬普通決議之事項，如經全體社員三分之二以上書面同意，依我國民法第53條第1項後段之法理解之，亦應認屬有效之決議，而爲普通決議之一種。

2.特別決議

特別決議者，不依普通決議方法而爲之決議也。可分爲下述二種：

(1)變更章程

社團法人變更章程之決議方法有二：一爲召集總會，經全體社員過半數之出席，以出席社員四分之三以上之同意決之。一爲不召集總會，而經全體社員三分之二以上書面之同意決之（民53Ⅰ）。此外，受設立許可之社團法人，亦即公益社團法人，變更章程時，並應得目的事業主管機關之許可（民53Ⅱ）。

(2)解散社團

社團得隨時以全體社員三分之二以上之可決，解散之（民57）。是亦爲特別決議。

不論爲普通決議或特別決議，社員行使表決權，除章程另有限

制外,得以書面授權他人代理爲之。但一人僅得代理社員一人(民52Ⅲ)。又「社員對於總會決議事項,因自身利害關係而有損害社團利益之虞時,該社員不得加入表決,亦不得代理他人行使表決權」(民52Ⅳ)。

### (三)決議之效力

總會之決議,有拘束全體社員、董事及職員之效力。但總會之「召集程序」或「決議方法」,違反法令或章程時,社員不論有無出席均得於決議後三個月內請求法院撤銷其決議。惟出席之社員,對召集程序或決議方法,如未當場表示異議,則無請求法院撤銷其決議之權(民56Ⅰ)。又此種撤銷之請求,應以訴訟方式爲之。其被告爲法人。決議因此而爲法院宣告無效者,對於一切之人,皆自始無效。至總會決議之「內容」如違反法令或章程,則當然無效(民56Ⅱ),毋庸撤銷。

## 肆、執行機關──董事

## 一、董事之意義

董事者,法人必設之代表及執行機關也。董事之名稱,除民法及公司法用之以外,其他特別法(如工會法、漁業法、合作社法等)則稱理事。茲將其意義述之如次:

### (一)董事者法人之必設機關也

董事係法人內部組織之構成部分,故爲法人之機關。又我國民法第27條第1項前段規定:「法人應設董事。」明定董事爲法人之必設機關。亦即無論社團法人或財團法人,均必須設置董事,否則該法人即不得成立。

### (二)董事者法人之代表機關也

董事乃爲法人對外爲活動之機關,故我國民法第27條第2項前段規定:「董事就法人一切事務,對外代表法人。」明定董事爲法人之代表機關。

## （三）董事者法人之執行機關也

董事為就法人之意思為實現行為之機關，而非決定法人意思之機關，亦非監督法人職務執行之機關。

## 二、董事之任免

所謂董事之任免，指董事之選任、罷免及辭職而言。分述其相關內容如次：

### （一）董事之人數及資格

董事之人數我民法無限制，一人亦無不可。又董事之資格我民法亦無限制，社員、非社員、法人均得為董事，但法人為董事者，應指派自然人代表之，而不待言。

### （二）董事之任免程序

董事之任免程序，在社團法人應於章程內訂定（民47③），其實際任免，則應經總會之決議（民50Ⅱ②）。至於在財團法人，則依捐助章程之規定，如無規定，則法院得因利害關係人之聲請，為必要之處分（民62）。

### （三）董事與法人之關係

通說認為，董事須經選任，並得董事本人承諾後，始發生擔任董事地位之權利義務；選任董事之行為屬契約性質，類似委任契約。故董事與法人之關係應準用委任之規定（民528～552）。

## 三、董事之職權

董事就法人一切事務，對內有執行職務之權，對外則有代表法人之權（民27Ⅱ），分述如次：

### （一）代表法人

董事就法人一切事務，對外代表法人。董事有數人者，除章程另有規定外，各董事均得代表法人（民27Ⅱ）。董事在代表權範圍內所為之行為，無論事實行為或法律行為，均屬法人之行為。有問

題者，乃何謂「代表」？又所謂「一切事務」之涵義如何？分述之：

### 1.代表之意義

代表云者，代表人所爲之職務上行爲，即視爲被代表人之行爲之制度也。申言之，即於職務範圍內，代表乃被代表者之化身，代表對外所爲之法律行爲與事實行爲，均等於被代表者所爲之法律制度也。

### 2.一切事務之涵義

所謂「一切事務」，表示董事代表權之範圍原無限制。惟此係原則，例外亦得依章程（民48Ⅰ⑧、民61Ⅰ⑦），或社員總會之決議，或由利害關係人聲請法院爲必要處分（民62），而加以限制。惟此項對於董事代表權所加之限制，依我國民法第27條第3項規定，「不得對抗善意第三人」，亦即不得向不知情之第三人主張董事之代表權有所限制也。

## （二）執行職務

董事對內之職權爲執行職務。所謂執行職務，指法人一般事務之處理，及內部組織之維持而言。此等事項鉅細繁多，無法一一列舉，茲將民法所規定之重要者列舉如次：

1.聲請登記（民48Ⅱ、61Ⅱ）。

2.編製財產目錄與社員名簿（總則施8）。

3.召集總會（民51Ⅰ）。

4.聲請破產（民35）。

5.執行清算（民37）。

董事有數人時，依民法第27條第1項後段規定，法人事務之執行，除章程另有規定外，取決於全體董事過半數之同意。

## 伍、監察機關

「法人得設監察人，監察法人事務之執行。監察人有數人者，除章程另有規定外，各監察人均得單獨行使監察權。」（民27 IV）

# 第五項　法人之住所

法人既具有獨立之人格，得享受權利負擔義務，自須有其法律生活之中心。亦即法人與自然人同須有住所。依民法第29條規定：「法人以其主事務所所在地為住所。」所謂主事務所，究何所指？依理言之，若法人之事務所有多數時，指其業務中樞之事務所而言；至如僅一處時，當然指該事務所而言。惟依現行法規定（參照民48 I ③、61 I ③），何者為主事務所，何者為分事務所，則應以登記者為準。

# 第六項　法人之監督

法人之監督云者，指國家機關對於法人所為之監察及督導而言。可分為業務監督及清算監督二種：

## 壹、業務監督

「受設立許可之法人，其業務屬於主管機關監督，主管機關得檢查其財產狀況及其有無違反許可條件與其他法律之規定。」（民32）「受設立許可法人之董事或監察人，不遵主管機關監督之命令，或妨礙其檢查者，得處以五千元以下之罰鍰。」（民33 I）「前項董事或監察人違反法令或章程，足以危害公益或法人之利益者，主管機關得請求法院解除其職務，並為其他必要之處置。」（民33 II）分述之如次：

## 一、監督之對象

受業務監督之法人，以受設立許可者爲限。所謂受設立許可者，指公益社團法人及財團法人而言。此等法人之業務關乎公益，故國家不能不加以監督。

## 二、監督之機關

業務監督之機關，爲主管機關。所謂主管機關，指主管法人目的事業之機關而言，如文化事業屬於教育部，慈善事業屬於內政部是。

## 三、監督之方法

監督之方法有三：

### （一）檢查其財產狀況

俾明瞭其能否發展目的事業，亦可查知其有無弊竇，以便予以糾正。

### （二）檢查其有無違反許可條件

「法人違反設立許可之條件者，主管機關得撤銷其許可。」（民34）。

### （三）檢查其有無違反其他法律之規定

法人之目的或其行爲有違反法律者，主管機關得請求法院爲解散之宣告。

## 四、監督之妨礙

受設立許可法人之董事或監察人，如有（一）不遵主管機關之命令，或（二）妨礙其檢查等行爲，則構成監督之妨礙，主管機關得處該董事或監察人5千元以下之罰鍰。經處罰後，仍有不遵守命令

或妨礙檢查之行爲者，得再予處罰[10]。所謂「罰鍰」，乃對於違反公法上義務之行爲，所科之處罰，爲行政罰之一種。

又受設立許可法人之董事或監察人違反法令或章程，足以危害公益或法人之利益時，主管機關得請求法院解除其職務，避免公益或法人之利益實際受損害，或損害擴大。惟爲維護法人業務之繼續進行，不致因董事或監察人職務之解除而受影響，應許主管機關爲各種必要之處置，例如於新任董事或監察人產生之前，或依非訟事件法第65條規定法院依聲請而選任臨時管理人以前，得由主管機關派員暫行管理，或爲其他適當之處理。

## 貳、清算監督

「法人之清算，屬於法院監督。法院得隨時爲監督上必要之檢查及處分。」（民42 I）「法人經主管機關撤銷許可或命令解散者，主管機關應同時通知法院。」（民42 II）「法人經依章程規定或總會決議解散者，董事應於十五日內報告法院。」（民42 III），「清算人不遵法院監督命令，或妨礙檢查者，得處以五千元以下之罰鍰。董事違反前條第三項之規定者亦同。」（民43）分述如次：

### 一、監督之對象

包括所有進行清算程序之法人。清算云者，清理已解散之法人之法律關係，使之歸於消滅之程序也。依民法之規定，法人解散後，均須進行清算。

### 二、監督之機關

清算監督之機關爲法人主事務所所在地之法院（非訟62）。法院之監督，以法院知悉法人已解散爲必要，法人經法院依民法第58條宣告解散者，法院固得逕行監督其清算之進行，惟法人如係經主

---

[10]　參照24院1207。

管機關撤銷許可（民34）、命令解散（民65）或依章程規定（民48 I
⑨、61 I ⑧）或依總會決議（民57）解散者，法院難於知悉而開始
實施監督，故民法第42條第2、3項分別規定法人經主管機關撤銷許
可或命令解散者，主管機關應同時通知法院；法人經依章程規定或
總會決議解散者，董事應於十五日內報告法院。俾法院得及時行使
監督權。

### 三、監督之方法

　　清算監督之方法有二，一為以裁定頒布監督命令（非訟21），二為
隨時為監督上必要之檢查及處分。必要與否，由法院依其主觀見解
定之。又檢查之對象亦無限制，只須為監督上所必要者，均可檢查
之，亦得為監督上之必要處分。

### 四、監督之妨礙

　　清算人不遵法院監督命令，或妨礙檢查者，法院得為之制裁有
二，一為科處清算人5千元以下罰鍰（民43前段），二為解除清算人
之任務（民39）。清算人經法院科處罰鍰後，仍不遵從者，法院得
再予科處；至解除清算人任務，須以必要者為限始得為之，必要與
否由法院認定之。又法人之董事未於十五日內將法人依章程規定或
總會決議解散之事由報告法院者，亦得處5千元以下之罰鍰（民43後
段）。

## 第七項　法人之消滅

　　法人之消滅云者，法人權利能力之終止也。法人之權利能力終
於「清算」終結，又法人之清算係以「解散」為始，故解散及清
算，乃法人之消滅必經之兩個階段。

# 壹、法人之解散

## 一、解散之意義

解散者，法人發生不能存續之事由時，解散其組織，停止其積極活動，以便進行清算之程序也。

## 二、解散之原因

有共通解散原因及特有解散原因兩種：

### （一）共通解散原因

社團法人與財團法人之共通解散原因有下列四種：

#### 1.章程所定解散事由發生

法人章程中如訂有解散事由者，其事由發生時，即可解散，例如章程所定存立時期屆滿是（民48 I ⑨、61 I ⑧）。

#### 2.許可或登記之撤銷

公益法人違反設立許可之條件者，主管機關得撤銷其許可（民34）；至營利法人違反設立登記之條件者，亦應解爲得撤銷其登記（參照公司9）。法人之設立許可或登記經撤銷者，即失其存立之依據，當然解散。惟此項撤銷無溯及之效力。

#### 3.解散之宣告

法人成立後，其目的或行爲，有違反法律、公共秩序或善良風俗者，法院得因主管機關、檢察官或利害關係人之請求，宣告解散（民36）。所謂目的違反法律或公序良俗，非指設立時之情形而言，而係指(1)成立後因法律或公序良俗觀念之變更，而有所違反，及(2)聲請設立登記時，隱蔽真正目的，俟成立後，始被發現其目的係違反法律或公序良俗等情形而言。

#### 4.破產之宣告

「法人之財產，不能清償債務時，董事應即向法院聲請破產」（民35 I ）。法人受破產宣告者，其事業無從進行，自應解散。所

謂「不能清償債務」，乃指法人之債務超過其財產之謂。法人如有債務超過之狀態，而董事不向法院聲請破產，致法人之債權人受損害時，其有過失之董事，應負賠償之責任，其有二人以上時，應連帶負責（民35Ⅱ）。

### （二）特有解散原因

#### 1.社團法人特有之解散原因

有下列二種：

#### (1)總會之決議

「社團得隨時以全體社員三分之二以上之可決，解散之。」（民57）是為任意解散。

#### (2)事務無從進行

「社團之事務，無從依章程所定進行時，法院得因主管機關、檢察官或利害關係人之聲請解散之。」（民58）

#### 2.財團法人特有之解散原因

「因情事變更，致財團之目的不能達到時，主管機關得斟酌捐助人之意思，變更其目的及必要之組織，或解散之。」（民65）

## 貳、法人之清算

## 一、清算之意義

清算者，清理已解散的法人之法律關係，使之歸於消滅之程序也。清算中之法人稱為「清算法人」，清算法人與解散前之法人，人格同一，解散前法人之機關，於清算程序中，仍猶存續，惟清算法人不能辦理新事務，僅能為清理現務之行為，故原來之董事已無作用，須另設清算人代替董事，以執行清算之事務。

法人之清算，除因破產而解散者破產法另有清理程序之規定外，均依民法所定程序為之。

## 二、清算人

### （一）清算人之意義

清算人者，於法人清算程序中，執行清算之事務，並代表法人之機關也。

### （二）清算人之選任

#### 1.選任清算人

法人章程得特別選定清算人，又社員總會亦可另行選任清算人（民37但書），是為選任清算人。

#### 2.法定清算人

如無選任清算人時，「法人解散後，其財產之清算，由董事為之。」（民37前段）是為法定清算人。

#### 3.指定清算人

不能依前二項規定產生清算人時，法院得因主管機關、檢察官或利害關係人之聲請，或依職權，選任清算人（民38），是為指定清算人。

### （三）清算人之解任

無論何種方式產生之清算人，法院認為有必要時，均得解除其任務（民39）。又除法院選任之清算人外，餘均得由社員總會決議將其解任。此外，無論何種清算人均得自行辭職。

### （四）清算人之職務

清算人之職務如下（民40Ⅰ）：

#### 1.了結現務

法人解散時已著手而未完成之事務，應由清算人了結之。清算人為了結現務，雖仍可為新法律行為，但不得著手辦理新事務。

#### 2.收取債權

已屆期之債權，應由清算人收取之。其尚未屆期或條件尚未成就者，清算人得將之轉讓與他人，或以換價之方法收取之。否則應

列為賸餘財產。

### 3.清償債務

法人之債務，已屆清償期者，應由清算人辦理清償；其尚未屆清償期者，得拋棄期限利益，而提前清償；附條件之債務，亦得以估價方法清償之。債權人不能受領者，得提存之。

### 4.移交賸餘財產於應得者

所謂賸餘財產，即清償債務後所餘之財產也。此種財產，清算人應負責移交於其應得者。所謂應得者，應依法人章程之規定或總會之決議定之，但以公益為目的之法人解散時，其賸餘財產不得歸屬於自然人或以營利為目的之團體，以防假公益之名而圖私利之弊。如章程無規定，或無總會之決議，其賸餘財產，屬於法人住所所在地之地方自治團體（民44）。

### 5.聲請破產

法人財產不足清償其債務時，清算人應即聲請宣告破產，並將清算事務移交於破產管理人。如清算人不立即聲請宣告破產，則法院得科處清算人新台幣2萬元以上10萬元以下之罰鍰（民41、公司334、89）。

### （五）清算人與法人之關係

依委任之規定。

## 三、清算之程序

法人清算之程序，除民法有規定者外，準用股份有限公司清算之規定（民41），亦即準用公司法第322至356條之規定辦理。但法人宣告破產者，應依破產法所定之破產程序為清理，無公司法規定之準用。

## 四、清算之終結

清算終結云者，已解散的法人之法律關係，已清理完畢之謂

也。清算終結後，清算人應聲請法人主事務所所在地之法院爲清算終結之登記（總則施10Ⅰ、非訟37Ⅰ）。又「法人至清算終結止，在清算之必要範圍內，視爲存續」（民40Ⅱ），可知法人之人格須至清算終結時起始行完全消滅。

# 第八項　法人之登記

　　法人之登記者，將法人之法定事項，登載於公簿，以爲公示之謂也。法人人格之產生與消滅均須登記，故欲明瞭法人組織之內容及其動態，唯法人之登記資料是賴。我國關於法人之登記有「非訟事件法」及「法人及夫妻財產制契約登記規則」可資依據，分述其主要規定如次：

## 一、登記之種類

　　法人登記之種類有五：

### （一）設立登記

　　法人之設立登記由董事聲請之（非訟33Ⅰ）。設立登記事項，財團法人如民法第61條第2項，社團法人如民法第48條第1項所定。

### （二）變更登記

　　可分爲補充登記及狹義變更登記二種。補充登記云者，設立登記後，發現有漏未登記之事項，或應行登記事項事後始行確定，所爲之補行登記也。狹義變更登記，則專指已登記之事項有所變更時，所爲之更正或塗銷之登記也。變更登記由董事聲請之（非訟33Ⅰ）。

### （三）解散登記

　　「法人解散之登記，由清算人聲請之」（非訟35Ⅰ）。但「法人因法院命令解散者，登記處應依法院囑託爲之登記」（非訟35Ⅳ）。

### （四）清算人任免或變更登記

「法人之清算人任免或變更之登記，由現任清算人聲請之」（非訟36 I）。

### （五）清算終結登記

「法人清算終結之登記，由清算人聲請之」（非訟37 I）。

## 二、登記之機關

法人登記之主管機關，為法人事務所所在地之地方法院（非訟31、總則施10 I）。

## 三、登記之效力

法人登記之效力可分二種：

### （一）以登記為成立要件者

設立登記屬之。民法第30條規定：「法人非經向主管機關登記，不得成立。」即係明揭此旨。

### （二）以登記為對抗要件者

設立登記以外之登記屬之。「法人登記後，有應登記之事項，而不登記，或已登記之事項有變更而不為變更之登記者，不得以其事項對抗第三人」（民31）。所謂「對抗第三人」。即對第三人主張該事項之有無也。

## 四、登記之銷結

銷結云者，登記事項之消滅也。「法人登記自為清算終結之登記後，即行銷結」（非訟40）。

# 第九項　社團之社員

社員者，社團法人之構成份子也。社團法人係以社員為其組織

之基礎，自須有社員。茲將社員資格之取得、喪失及其內容分述如次：

## 壹、社員資格之取得與喪失

### 一、社員資格之取得

可分為自始取得及嗣後取得二種情形：

#### （一）自始取得

社團之設立人，於社團成立時，當然取得社員之資格，稱為自始取得。

#### （二）嗣後取得

於社團成立後始依章程規定入社，而取得社員資格者，謂之嗣後取得。尚可分為自己入社與承繼入社二種，前者即自己主動取得社員資格之謂；後者乃承繼他人原有之社員資格之謂，例如因受讓或繼承而入社是。但依章程規定社員資格如不許移轉者，則無承繼入社之可言。

自然人及法人，均得為社團之社員。

### 二、社員資格之喪失

社員資格，除因社團之消滅及社員之死亡而喪失之外，是否喪失，亦應依章程之規定以為斷（民47⑥）。我國民法僅就退社及開除設有規定，分述之：

#### （一）退　社

所謂退社，乃社員主動的脫離社團之謂。依民法第54條規定：「社員得隨時退社。但章程限定於事務年度終，或經過預告期間後，始准退社者，不在此限。前項預告期間，不得超過六個月。」蓋為避免因社員之退社而影響法人之事業也。

## （二）開　除

所謂開除，乃社員被動的脫離社團之謂。亦即社團剝奪其社員資格之行爲也。開除社員，乃維持社團公益之行爲，宜慎重爲之，故民法第50條第2項第4款規定，開除社員，應經總會之決議，並須有正當理由，否則被開除者，得依民法第56條之規定，請求法院宣告其決議無效，以資救濟。

## 貳、社員資格之內容

社員資格之內容者，社員之權利義務也。社員對於社團所有權利義務，總稱爲社員權。社員權爲身分權之一種，因取得社員資格而具有，故社員資格之內容，又可稱爲「社員權」，或「社員之地位」。分述如次：

## 一、社員之權利義務

### （一）社員之權利

可分爲「共益權」與「自益權」兩種：

**1.共益權**

共益權者，社員參與法人事業之經營之權利也。例如出席總會權、表決權（民51Ⅱ、Ⅲ）、請求或自行召集總會之權（民52）、請求撤銷總會決議之權（民56）等是。

**2.自益權**

自益權者，專爲社員個人財產上之利益，所享有之權利也。例如利益分配請求權、賸餘財產分配請求權、社團設備之利用權等是。

公益社團，無財產上利益之分配，故社員僅有共益權而無自益權。

### （二）社員之義務

社員之義務，主要爲出資義務，如繳納會費或股款等義務是。

## 二、已退社或開除社員之權利義務

### （一）權　利

社員經退社或開除後，即喪失社員資格，其與法人之權利義務關係，即告消滅，故「已退社或開除之社員，對於社團之財產，無請求權」。惟此乃原則，例外在非公益法人則得以章程規定仍有請求權（民55 I），蓋營利法人目的原在謀取社員之財產上利益，爲廣招徠，或有規定仍有請求權之必要也。

### （二）義　務

已退社或開除之社員，於退社或開除前所應負之義務，不受退社或開除之影響，故「對於退社或開除以前應分擔之出資，仍負清償之義務」（民55 II）。

## 第十項　財團之管理

財團法人須以公益爲目的，惟財團存續中，苟因人謀之不臧或因組織上之欠缺，難保其目的於不受影響，而因財團自身並無意思機關，故財團於存續中，有賴於公力之干與，茲將民法關於公力干與之規定述之如次：

## 壹、董事行爲無效之宣告

「財團董事有違反捐助章程之行爲時，法院得因主管機關、檢察官或利害關係人之聲請，宣告其行爲爲無效」（民64）。須注意者，宣告無效之行爲，以違反捐助章程者爲已足，至若竟違反法律時，則屬當然無效之範圍，不待再事宣告也。又所謂捐助章程，不以捐助人原定者爲限，即法院依民法第62條規定予以補充之部分亦包括在內。

## 貳、財團組織之變更

「爲維持財團之目的，或保存財產，法院得因捐助人、董事、

主管機關、檢察官或利害關係人之聲請,變更其組織」(民63)。蓋財團之組織乃達成其目的之手段,亦爲保存其財產之方法,故財團之組織若不良,致影響其目的之維持或財產之保存時,非有變更組織之道不可也。所謂變更其組織,例如增減其董事之員額、設置監察人或改善其他管理方法等均屬之。

## 參、財團目的之變更

「因情事變更,致財團之目的不能達到時,主管機關得斟酌捐助人之意思,變更其目的及其必要之組織」(民65前段),其目的在維持財團之存續。

# 第十一項　外國法人

所謂外國法人,指依外國法律成立之法人。其意義已如前述。關於外國法人,我國民法總則施行法設有規定5條,分述其內容如次:

## 壹、外國法人之認許

認許者,承認外國法人在我國亦具有權利能力之行爲也。換言之,即考察該外國法人,在該外國是否合法成立,如已合法成立,且依我國法律可成爲法人者,即予以承認該外國法人在我國亦具有權利能力也。故認許尚非賦予該外國法人人格之行爲,亦非使外國法人變爲我國法人之行爲。而僅係承認該外國法人之人格在我國亦具有效力而已。在外國未成爲法人者,不生認許之問題。

一國之法律其效力僅及於本國領域之內,故依外國法律成立之法人,非當然於我國亦爲法人而有權利能力。故我民法總則施行法第11條規定:「外國法人,除依法律規定外,不認許其成立。」所謂法律規定,指關於外國法人認許要件或程序之法律規定。但我國僅公司法第七章及第八章,就外國公司之認許設有規定,至於其他社團及財團法人,則尚無明文。(民法總則施行法第13、14條,係

關於外國法人經認許後，在我國設立事務所之規定，而第15條則係未經認許成立之外國法人爲法律行爲之責任規定，均非關於外國法人認許要件或程序者。）

## 貳、外國法人之權利能力

「經認許之外國法人，於法令限制內與同種類之中國法人有同一之權利能力」（總則施12Ⅰ），「前項外國法人其服從中國法律之義務，與中國法人同」（總則施12Ⅱ）。可知外國法人一經認許其成立，則其權利能力與我國法人原則上並無不同，惟須受法令之限制。所謂法令之限制，包括專對外國法人而設之限制及關於外國自然人之限制。

外國法人如未經認許，則在我國無權利能力。惟事實上，如有以其名義在我國與他人爲法律行爲時，則其效果如何？依我國民法總則施行法第15條規定：「未經認許其成立之外國法人，以其名義與他人爲法律行爲者，其行爲人就該法律行爲應與該外國法人負連帶責任。」以資保護交易之安全。

## 參、外國法人之登記及撤銷

外國法人如經認許，在我國即具有權利能力，其在我國設置事務所與否並非所問。惟若欲設事務所於我國，則須依下列規定爲之：

## 一、登　記

外國法人在我國設事務所者，須向主管登記機關爲登記，其應爲登記之種類、應登記之事項及其效力，完全與我國法人相同（總則施13準用民30、31、48、61）。

又以營利爲目的之外國法人，經認許後，如在我國設事務所者，亦應依特別法之規定；至以公益爲目的之社團或財團法人，則於登記前，尚須先得主管機關之許可（總則施13準用民45、46、

59）。

## 二、撤　銷

　　依前項爲登記之外國法人在我國之事務所，如其目的或其行爲，有違反法律、公共秩序或善良風俗者，法院得因主管機關、檢察官或利害關係人之請求撤銷之（總則施14、民36）。所謂撤銷，即撤銷外國法人在我國之事務所登記，蓋因外國法人並非依據我國法律而成立，故無從宣告其解散也。至於此情形，得否進而撤銷其認許，應爲肯定之解釋。

# 第三章

# 物

## 壹、物之意義

物者，人體以外，人力所能支配之有體物及自然力也。析述如次：

### 一、物包括有體物及自然力

所謂有體物，指占有一部分空間而有實體存在之物。例如固體、液體、氣體均是。所謂自然力，指吾人機能所能知覺之自然界之作用而言，例如聲、光、熱、電、水力、電子、放射線、核能等是。自然力與承載自然力之物質，應予區分。承載自然力之物質，例如空白錄音（影）帶、空白磁碟片、空電瓶等是。法律生活之標的，若係指此物質部分（例如購買空白錄影帶），其為有體物，自不待言。惟若係指其所承載之聲音、影像、程式、電氣（例如購買歌曲、錄影節目帶、電子軟體、電），則為自然力。不可誤解。

### 二、物須為人力所能支配

法律上所稱之物，範圍較諸物理上所稱之物為狹，須以人力能支配從而取得特定利益為其條件，蓋因人力不能支配之物理上之物，例如日、月、星辰等，並無法律上之價值，不能供給人類法律生活之需要，非法律上之物。

### 三、人之身體不是物

　　人之身體雖爲物理上之物，惟生存中之人體，爲人格所附麗，不得分離，故近世法律均禁止人類支配他人身體，以保護人格權，故人之身體非屬物之範圍。所謂「人之身體」，包括自然之身體及人工接合之部分。例如義眼、義齒、義手、義足等，於其與自然之身體相接合之際，即構成人體之部分，而成爲非法律上之物。

　　人之身體非法律上之物，但下列情形是爲例外：

（一）人體之一部，與身體自然分離者，已非身體之部分，得爲法律上之物。例如自然脫落之牙齒、頭髮是。

（二）自己處分尙未分離之身體之一部分者，如不違背公序良俗，應認爲有效。例如輸血、授乳、剪髮、施行手術是。

（三）生前處分自己遺體之契約或遺囑，如不違背公序良俗，應認爲有效。例如捐贈自己之遺體或器官，以供醫學研究或移植是。現行「人體器官移植條例」第6條第1款、第3款已明定，死者得於生前以書面或遺囑同意，或生前爲捐贈之口頭意思表示，經醫師二人以上之書面證明，無償捐贈其器官供移植（同條例12）。

（四）屍體爲特種之物，屬於繼承人所有，但除得依「人體器官移植條例」第6條第2款規定，由死者最近親屬以書面同意，無償捐贈屍體之器官供移植（同條例12）外，依習慣僅得對之爲保存、祭祀、埋葬或焚化等行爲，不得爲其他使用、收益或處分之標的。

## 貳、物之種類

### 一、法律上之分類

　　依我國民法之規定，物可分爲下列三類：

## （一）不動產與動產

### 1.不動產之意義

「稱不動產者，謂土地及其定著物」（民66 I）。所謂「土地」，包括地面及其行使有利益之範圍內之上空及地下（民773）。所謂「定著物」，即固定附著於土地上之物。析言之：

(1)定著物者，固定於土地上之物也

固定云者，安定於土地上，而非屬臨時性質之謂也。故如工寮、樣品屋之類，因屬臨時性質，尚與「固定」有間，即非定著物。

(2)定著物者，附著於土地上之物也

附著云者，與土地相接合，而未構成土地之一部之謂也。亦即依社會經濟觀念，仍具有與土地相獨立之價值。例如房屋及其他建築物是。

又應注意者，「不動產之出產物，尚未分離者，為該不動產之部分」（民66 II），所謂「部分」，即「成分」，亦即「構成部分」之意。可知不動產之出產物，於尚未與該不動產相分離前，仍屬不動產之性質。不動產之出產物，例如樹木、農作物等是。

### 2.動產之意義

稱動產者，謂不動產以外之物（民67）。是則非屬不動產範圍之物，均為動產。

### 3.動產與不動產區別之實益

所謂實益，即實際利益。動產與不動產二者區別之實益頗多。最主要者，在其權利之得喪變更上見之。不動產物權，以登記為公示方法，故不動產物權之變動，非經登記，不生效力（民758、759）。動產則以占有為公示方法，故動產物權之變動，只須交付該動產，即發生效力（民761）。

### （二）主物與從物

#### 1.主物之意義

主物者，具有獨立之經濟效用，而為從物所輔助之獨立物也。例如鎖、錶、燈、窗、電視機、書本、鋁箔包飲料是。

#### 2.從物之意義

從物者，非主物之成分，常助主物之效用，而同屬於一人之物也。例如鑰匙、錶帶、燈罩、窗簾、遙控器、書套、吸管是。從物之要件如次：

(1)須非主物之成分

即須為獨立存在，而非屬主物之構成部分之謂也。例如鑰匙為鎖之從物，因鑰匙亦獨立之物也。反之門窗即非房屋之從物，因門窗為房屋之構成部分，非獨立存在之物也。

從物只須係獨立存在之物，至其係動產抑不動產，我國民法並無限制（德國民法第97條明定從物以動產為限），故解釋上，動產及不動產均得為從物，與主物之情形同。主物及從物均為動產者，例如鎖與鑰匙是。主物為不動產從物為動產者，例如旅館與載客用汽車是。主物及從物均為不動產者，例如房屋與車庫、正屋與傳達室、正房與馬廐等是。至於主物為動產從物為不動產之情形，理論上雖存在，但實際事例頗難列舉[1]。

(2)須常助主物之效用

所謂「常」，乃經常可以之意。所謂「助」，乃一方補助他方之意。所謂「效用」，乃經濟效用之謂。

從物須經常可以補助主物之效用，始足當之。所謂經常可以補助主物之效用，態樣可分二類：其一，經常處於補助之狀態者，例

---

[1] 火車與鐵軌，飛機與跑道，頗似主物為動產從物為不動產之適例，惟因在交易上難謂火車之處分效力及於鐵軌、飛機之處分效力及於跑道，仍與從物之要件不合。

如錶帶之於錶是。其二，經常處於可以補助之狀態者，例如救生艇之於船舶、備胎之於汽車，補助機會雖少，但經常處於可以補助之狀態是。可知暫時為補助，事後去之者，非屬從物。再者，實際補助次數之多寡，並非判斷從物之標準，亦即實際之補助，不限於無間斷。

　　所謂一方補助他方，乃他方為主，此方為從之主從關係（又稱附屬關係）。故二物雖同時為用，但無主從關係者，則無主物從物之觀念。例如碗與筷、古玩與茶几、字畫與牆壁等情形是。主從關係之有無，以及何者為主何者為從，首應就物之性質定之，二物在性質上本有主從關係者，依其性質。例如鎖必須有鑰匙，且以鎖為主，鑰匙為從是。二物在性質上無主從關係者，則應依其所有人之意思定之。例如書本非必須使用書套，但書商特附以書套，一併出售是。至若所有人之意思亦不明時，則應就二物為用之具體情況，依一般交易觀念定之。例如以金項鍊加配花俏掛錶（電子錶），應認有主從關係，且主在裝飾，故應以金項鍊為主物，掛錶為從物是。

　　又所謂經濟效用，指主物職能之發揮而言。從物所補助者，須係主物職能之發揮者始可。若二物之併存與主物之職能無關，而僅因所有人之感情上、習慣上或其他方面之原因而使之然，則在經濟交易上並無意義，亦即對一般人言，並無二物必須一體之價值，非茲所謂之主物與從物，而毋庸再言其他感情上、習慣上、或其他方面之原因矣！

(3)須與主物同屬於一人

　　蓋我國民法規定：「主物之處分，及於從物。」（民68Ⅱ）則從物若非與主物同屬一人所有，豈非允許無權利人處分他人之物，自非適當。所謂處分指法律行為之處分。論之者，多數認為應從寬解釋，包括債權行為及物權行為，與民法第118條之處分僅指物權行

為者不同[2]。但亦有認為指物權行為者[3]。本書從多數見解。因此,例如買賣、租賃……等債權行為,關於其標的,只言主物即包括從物;不動產所有權之移轉、各種物權之設定……等物權行為,僅登記主物則及於從物。惟須注意,事實行為或以事實之有無為要件之物權行為,無及於從物之可言,例如動產之事實交付、留置權之取得、因時效取得所有權、因拋棄或毀棄而所有權消滅、設定質權時從物未移轉占有……等,應就主物及從物個別論之。此外,公法上之處分(例如查封、拍賣、行政處分),以及對於權利之處分,應可類推適用民法第68條第2項之規定。

具備上述三種要件者,即為從物。但若交易上另有習慣,不以之為從物者,則不在此限。例如米袋之與米、衣架之與衣服、馬鞍之與馬、信封之與信紙、馬之與馬車等是。

### 3.主物與從物區別之實益

主物與從物區別之實益,在供「確定其處分之效力及所有權之歸屬」,亦即「主物之處分,及於從物」(民68Ⅱ),惟從物之處分,其效力並不及於主物。故如將檯燈出賣,當然包括燈罩在內(以有燈罩之檯燈為限)。反之單獨出賣燈罩,則並不及於檯燈。又此並非強行規定,當事人仍得為反對之約定,例如約定僅賣主物,從物不包括在內,自屬有效是。

## (三)原物與孳息

### 1.原物之意義

原物者,孳息所從出之物或權利也。例如母雞生蛋,母雞為原物;本金生利息,本金為原物是。原物是否以物為限,立法例不一,有以物為限者,如日本民法是(日民88),有不以物為限,權

---

[2]　史尚寬,民法總論,238頁;洪遜欣,中國民法總則,229頁;王澤鑑,民法實例研習(二)民法總則,175頁;民法總則,224頁;施啟揚,民法總則,184頁。

[3]　王伯琦,民法總則,109～110頁。

利亦包括在內者，如德國民法是（德民99），我國民法仿之。

### 2.孳息之意義

孳息者，原物所出之物或利益也。可分為由原物自然產出者，與容許他人利用原物而收益者二種。前者稱為天然孳息，後者稱為法定孳息。須注意者，乃孳息既係原物「所出」者，則原物「轉換」者，例如殺豬所獲之豬肉，各種能源（核能、水力、火力、風力、太陽能）所發之電力等，自非此之謂孳息，而不待言。茲分述天然孳息及法定孳息如次：

#### (1)天然孳息

「稱天然孳息者，謂果實、動物之產物，及其他依物之用法所收穫之出產物」（民69Ⅰ）。所謂「依物之用法所收穫」，解釋有二。第一說謂係指按照原物之經濟效用而收穫者而言；第二說謂係泛指依原物之種種使用方法所收穫者而言。其次，關於本項中「果實、動物之產物」之規定，說法亦有二。甲說：認為「果實」及「動物之產物」係例示規定，因之所謂天然孳息，係指「依物之用法所收穫之出產物」，果實及動物之產物，不過其例示而已，故「果實、動物之產物」之內容，亦須受「依物之用法所收穫」之解釋之限制。乙說：認為「果實」及「動物之產物」為列舉規定，因之所謂天然孳息，包括三類，一類為「果實」，一類為「動物之產物」，另一類為「其他依物之用法所收穫之出產物」。果實及動物之產物，均為天然孳息，不受「依物之用法所收穫」之解釋不同之影響。

前開第一說第二說與甲說乙說，究以何說為是？若依第一說配合甲說，則就果實言之，果園之果是為天然孳息（因果園之經濟效用在乎產果），庭樹之果則非天然孳息（因庭樹之經濟效用不在產果）；就動物之產物言之，牧牛之乳是為天然孳息（因牧牛之經濟效用在乎產乳），耕牛之乳則非天然孳息（因耕牛之經濟效用不在產乳）；就其他之出產物言之，礦坑挖出之煤礦是為天然孳息（因礦坑之經濟效用在乎產礦），稻田挖出之煤礦則非天然孳息（因稻田之經濟效用不在產礦）。若依第一說配合乙說，則只須為果實，

即係天然孳息，不因其為果園之果或為庭園之果而不同；只須為動物之產物，即係天然孳息，不因其為牧牛之乳或為耕牛之乳而不同；至於在其他之出產物之情形，則與第一說配合甲說之情形相同。足見第一說使甲說與乙說，在果實及動物之產物方面，產生不同之結論，而有可議之處。至若依第二說之見解，則配合甲說與配合乙說所得之結論，毫無二致。惟因乙說，難以說明何以僅果實及動物之產物，不須受「依物之用法而收穫」之限制。爰本書認為比較上以採第二說配合甲說為恰當。從而所謂天然孳息，宜解為，依原物之種種使用方法所收穫之物，例如果實、動物之產物是。

(2)法定孳息

「稱法定孳息者，謂利息、租金及其他因法律關係所得之收益」（民69Ⅱ）。可知所謂法定孳息，係指因法律關係所得之收益，例如利息、租金是。利息者，使用本金之對價也。租金者，使用租賃物之對價也。所謂法律關係，指一切之法律關係，包括使用物（如房、地）之法律關係與使用權利（如專利權、商標權）之法律關係在內。

3.原物與孳息區別之實益

原物與孳息區別之實益，主要在乎孳息之歸屬問題：

(1)天然孳息之歸屬

「有收取天然孳息權利之人，其權利存續期間內，取得與原物分離之孳息」（民70Ⅰ），分述之：

甲、收取權人：天然孳息，於其與原物分離之前，係屬原物之部分，於分離後，則成為獨立之物。分離之後，應歸何人所有，立法例有三：

①生產主義：認應由對原物實施生產手段者取得分離後之孳息。例如甲於乙之土地上種稻，則稻之收取權屬甲是。

②原物主義：認應由原物所有人取得分離後之孳息。例如前例，稻之收取權仍屬土地所有人乙是。

③**分配主義**：認應由原物所有人與實施生產手段者按一定比例分配取得分離後之孳息。例如前例之稻之收取權，應按一定比例分屬甲乙是。

我國民法採原物主義。故所謂「有收取天然孳息之人」，原則上係指「原物所有人」（民765、766），但如法律另有規定，非原物所有人亦有收取天然孳息之權者，則不在此限。例如承租人對於租賃物之孳息（民421Ⅰ）[4]、父母對於子女特有財產之孳息（民1088Ⅱ）、地上權人、永佃權人、典權人對於他人土地之孳息（民832、842、911），亦有收取權是。此為例外。又有收取天然孳息權利之人，將其收取權轉讓於他人時，其受讓人亦是收取權人。例如原物或其天然孳息之買受人、受贈人、受遺贈人等是。此外，「善意占有人，依推定其為適法所有之權利，得為占有物之使用及收益。」（民952）於此範圍亦應認有天然孳息收取權。如無收取權，雖該天然孳息為其所栽培，亦不能取得之。例如甲在乙之土地內侵權種稻，其出產物當然屬於某乙所有是[5]。

**乙、收取時期及所有權之取得**：天然孳息收取權，係一種債權，收取權人須於「其權利存續期間內」始可為收取之主張，經實施收取權後，於天然孳息與原物分離時，始取得天然孳息之所有權。蓋天然孳息於分離前，乃原物之部分，所有權仍屬原物所有人。此點在收取權人與原物所有人同一時，未見其重要性，惟在收取權人與原物所有人不同，而對天然孳息為強制執行時，則頗關重要。

按對於天然孳息為強制執行，可分為收取權人之債權人之執行，與原物所有人之債權人之執行二種：

---

[4] 48台上1086：「土地所有人本於所有權之作用，就其所有土地固有使用收益之權，但如將所有土地出租於人而收取法定孳息，則承租人為有收取天然孳息權利之人，在租賃關係存續中即為其權利之存續期間，取得與土地分離之孳息。」

[5] 31上952。

(1)收取權人之債權人對天然孳息之執行

天然孳息收取權，既屬債權性質，具有財產價值，則對於尚未分離之天然孳息爲強制執行，自應以「天然孳息收取權」爲標的，依「對於其他財產權之執行」程序（強執115～117）辦理，而非以天然孳息本身爲標的，方爲正確。

惟實務上，對於天然孳息之強制執行，均係以「將來成爲動產之天然孳息」爲標的，而依「對於動產之執行」程序（強執45～74）辦理。此觀諸司法院字第1988號解釋第（二）點：「未與土地分離之甘蔗、稻麥，雖因其爲土地之構成部分，不得單獨爲不動產物權之標的物。然將來與土地分離時，即成爲動產。執行法院於將成熟之時期予以查封，並於成熟後收穫之而爲拍賣或變賣，自無不可。其執行既以將來成爲動產之甘蔗、稻麥爲標的物，即應依對於動產之執行程序辦理。」強制執行法第53條第1項第5款規定：「未與土地分離之天然孳息不能於一個月內收穫者。」不得查封、同法第59條之2規定：「查封未與土地分離之天然孳息者，於收穫期屆至後，始得拍賣。」「前項拍賣，得於採收後爲之，其於分離前拍賣者，應由買受人自行負擔費用採收之。」以及辦理強制執行事件應行注意事項第24點規定：「關於第四十五條部分：執行法院僅就未與土地分離之農作物，實施查封者，限於將成熟時始得爲之，並於收穫後再行拍賣。」甚明。

實務上之作法，雖與物權歸屬之觀念不合，惟就其僅限於能於一個月內收穫者始得查封（強執53Ⅰ⑤），且原則上於收穫後再行拍賣之規定觀之，非不可解爲係就「以將來分離爲停止條件之動產」爲執行。果如是，則於天然孳息能收穫一個月前，收取權人之債權人僅能以「天然孳息收取權」爲標的，聲請強制執行，至天然孳息能收穫一個月內，始得以「將來成爲動產之天然孳息」爲標的，聲請強制執行。

(2)原物所有人之債權人對天然孳息之執行

原物被其所有人之債權人查封時，效力當然及於其尚未分離之

天然孳息，又原物所有人之債權人得單獨查封尚未分離之天然孳息，自不待言。

有問題者，原物或其天然孳息被原物所有人之債權人查封時，收取權人就天然孳息部分，有無排除強制執行之權利，亦即得否提起第三人異議之訴？實務上有正反兩種見解：

①否定說

最高法院53年台上字第1953號判決謂：「不動產之出產物尚未分離者，為該不動產之部分，為民法第66條第2項所明定。故查封耕地之效力當然及於耕地之水稻，而耕地之承租人僅對於所種水稻有收取之權利，在水稻未與土地分離以前，不得主張其有獨立之水稻所有權，即無排除強制執行之權利。」

另最高法院53年台上字第2305號判決謂：「向土地所有權人購買未與土地分離之瓊麻，僅對於出賣人有砍伐之權利，在未砍伐以前，買受人並未取得該瓊麻所有權。出賣人之債權人就該未分離之瓊麻為查封者，買受人不得提起第三人異議之訴。」

②肯定說

最高法院民國74年3月5日74年度第三次民事庭會議決議，採肯定見解，謂：「未與土地分離之土地出產物，實務上認為得為強制執行之標的物（參看司法院字第1988號解釋（二）及辦理強制執行事件應行注意事項第24點），對於此項土地出產物有收取權，得因收取而原始取得該出產物所有權之第三人，應認為強制執行法第15條所稱就執行標的物有足以排除強制執行之權利之第三人。」

本書以為，上開二說均有其理由，應可並存。惟肯定說，限於天然孳息能於一個月內收穫，實務上視為「以將來分離為停止條件之動產」，而得依「對於動產之執行」程序為執行時起，始有其適用。在此之前，仍應以否定說之見解為是。

(3)法定孳息之歸屬

「有收取法定孳息權利之人，按其權利存續期間內之日數，取得其孳息。」（民70Ⅱ）分述之：

**甲、收取權人**：所謂「有收取法定孳息權利之人」，在利息為出借原本之人，在租金為出租人，在其他法律關係所得之收益為各該債權人。

**乙、收取期間**：所謂「按其權利存續期間內之日數，取得其孳息」，指其權利存續一日即取得一日之孳息而言。例如甲將款借與乙，年息3,600元，甲於借出滿八個月時，將債權讓與丙，則甲可取得八個月利息2,400元，其餘1,200元應歸丙取得是。

## 二、學理上之分類

物之分類，學理上有下述各種：

### （一）融通物與不融通物

融通物者，得為交易標的之物也。一般之物均屬之。不融通物者，不得為交易標的之物也，大別之有二：

#### 1.公有物

公有物者，公法人所有之物也。可分三種，一為供行政目的使用之公有物，如行政機關之建築物、軍用飛機、軍艦等是；二為供財政目的使用之公有物，如公有山林、礦產等是。三為供公眾使用之公有物，例如河川、道路、公園等是。第一種及第三種公有物不得為交易之標的，但第二種公有物及供公眾使用之目的廢止後之第一及第三種公有物則得為交易之標的。

#### 2.禁止物

禁止物者，法令禁止作為交易客體之物也。可分為二種，一為禁止交易且禁止持有者，例如鴉片（刑256以下）、危險物（刑186）是。二為禁止交易但不禁止持有者，例如猥褻書畫（刑235）、偽幣（刑196）是。

## （二）消費物與非消費物

消費物者，依物之通常使用方法，一經使用，即歸消滅之物也。例如柴、米、油、鹽等是。非消費物者，依物之通常使用方法，得反覆使用，而不歸消滅之物也。例如衣服、房屋、傢俱、書籍等是。

## （三）代替物與不代替物

代替物者，得以同種類同品質同數量之物相代替之物也。例如米、金錢等是。不代替物者，不得以同種類同品質同數量之物相代替之物。例如土地、房屋、寶石、字畫、古董等是。

## （四）特定物與不特定物

特定物者，當事人具體指定之物也。例如某號房屋或某匹馬是。不特定物者，當事人未具體指定，而僅以種類、品質或數量抽象指定之物也。例如僅言米一斗而未具體指定何處或何種之米是。特定與不特定，須依當事人之意思決之。此與代替物、不代替物係以物之客觀性質定之之情形有別。故代替物一般雖為不特定物，惟如依當事人之意思具體指定，則仍為特定物。例如金錢一般情形應為代替物，但如由當事人將某筆金錢封存出借展覽，並約定須將該筆金錢原封返還，則該筆金錢即屬特定物是。

## （五）可分物與不可分物

可分物者，物之性質及價值不因分割而變更或減少之物也。例如土地一塊面積32坪分割為四小塊，每塊8坪，仍為土地，且總價值不因分割而減少是。不可分物者，物之性質及價值一經分割即變更或減少之物也。例如一頭牛一經分割即不復為牛、一輛汽車一經分割亦不復為汽車是。

## （六）單一物結合物與集合物

單一物者，型態上獨立成一體之物也。其形成一體係由於天生抑係人為，並非所問，惟須其構成部分，已失其個性者，始足當之。例如一匹馬或一個饅頭是。結合物者，由多數單一物結合而成

一體之物也。又稱爲合成物。其與單一物之區別，在於其構成部分，並未喪失其個性，僅形體上結爲一體而已。例如房屋一棟係分由多數建材結合而成，且不喪失各該建材之個性是。集合物者，由多數單一物或結合物聚集而成，並具有經濟上單一作用之物也。其與結合物之區別，在於其構成部分僅係聚集而未結合之一點。例如「牛群」係由多數牛聚集而成、「牧場」係由多數牛馬或羊及農舍農具聚集而成、「工廠」係由多數機器設備及廠房聚集而成、「圖書館」係由多數圖書資料設備及館舍聚集而成，各均具有經濟上單一作用，亦即可成爲單一之交易單位是。

# 第四章 法律行為

## 第一節　通　則

### 第一項　總　說

#### 壹、法律行為之意義

法律行為者，以意思表示為要素，因意思表示而發生私法上效果之法律事實也。分述之如次：

#### 一、法律行為係一種法律事實

宇宙間之種種具體現象，有不足以發生法律效果者，例如日、月照射、星光閃亮、吃飯、睡覺、閱讀、運動、談天……等行為本身是，稱為「非法律事實」；有足以發生法律效果者，稱為「法律事實」，綜觀我國民法之規定，法律事實可分為：

##### （一）人之行為

亦即出於人類意識之作為或不作為。又分：

1.適法行為

包括表示行為與非表示行為二類：

　　表示行為者，將內部之心理狀態，表示於外部之行為也。其中有欲成立法律行為者，即意思表示是；有非欲成立法律行為者，即：①事實通知，又稱觀念通知，或「知」的表示。即將事實告知相對人，不含行為人自己之意思成分之謂。例如承諾遲到之通知（民159）、債權讓與之通知（民297）等是。②感情表示，又稱「情」的表示。即僅表現一定感情之謂。例如宥恕（民1053、1145Ⅱ）是。③意思通知，乃將非屬成立法律行為之意思，告知相對人之謂。例如召集總會之請求（民51Ⅱ）、承認之催告（民80Ⅰ）、履行債務之請求或催告（民129Ⅰ①、229Ⅱ）、要約之拒絕（民155）、承認之拒絕（民170Ⅱ）等是。此等表示之效力，全由法律規定，與意思表示之係基於當事人之意欲而發生效力者不同。但此三者表示之構成及效果，均應準用意思表示之有關規定，故學理上稱為準法律行為。

　　非表示行為者，非將內部之心理狀態，表示於外部之行為也，亦稱事實行為。例如無因管理（民172）、無主物之先占（民802）、遺失物之拾得（民807）、埋藏物之發現（民808）、加工（民814）等行為是。

### 2.違法行為
包括侵權行為與債務不履行二類。

### （二）人之行為以外之事實
亦即非出於人類意識之自然事實。又分：

### 1.事　件
即具體之自然事實。例如出生死亡（民6）、果實之自落於鄰地（民798）是。

### 2.狀　態
即抽象的自然狀態。例如失蹤（民8）、成年（民12）、時效之完成（民144、768～770）、善意惡意（民87Ⅰ、91但書、92Ⅰ但書、92Ⅱ）、心神喪失精神耗弱（民14）、土地之相鄰（民

792）、動產之附合（民812）、混合（民813）是。

　　法律行為不過上開法律事實中，人之行為裏適法行為之表示行為的一種而已。

## 二、法律行為以意思表示為要素

　　意思表示者，表意人將其欲發生一定之法律效果之意思，表達於外部之行為也。法律事實有多種，前已言之，法律行為與他種法律事實不同所在，即在乎以意思表示為要素之一點。所謂要素，即重要構成因素之意。可知法律行為之構成，除意思表示外，尚可能須有其他因素。例如要物行為，除意思表示外，尚以物之交付為因素；要式行為，除意思表示外，尚以方式之踐行為因素是。

## 三、法律行為以發生私法上效果者為限

　　意思表示所可能發生之法律效果，有公法上之效果及私法效果之分。發生公法上效果之意思表示，例如本於政權行使之選舉是。構成法律行為之意思表示，僅以發生私法上效果者為限，故此之謂法律行為，應以發生私法上效果者為限。所謂私法上效果，乃私權的得喪變更之謂。

## 貳、法律行為之分類

　　法律行為，依不同之標準，可為各種分類，茲將其要者分述如次：

## 一、一方行為與多方行為

　　法律行為以「是否由當事人一方之意思表示即可成立」為標準，可分為一方行為與多方行為兩種：

### （一）一方行為

　　一方行為者，由當事人一方之意思表示即可成立之法律行為也。又稱「單獨行為」。一方行為以其「是否須向相對人表示始可

成立」為標準，尚可分為：1.有相對人之一方行為。例如撤銷、承認、契約之解除、債務之免除，及抵銷等是。2.無相對人之一方行為。例如動產之拋棄、立遺囑等是。有相對人之一方行為，須向相對人為意思表示經其受領始能成立，惟毋庸得相對人之承諾或為其他相配合之行為。無相對人之一方行為，則不必如此為之。

### （二）多方行為

多方行為者，由多方意思表示之一致，始可成立之法律行為也。多方行為以「其意思表示之一致，係對立的抑平行的」為標準，尚可分為：1.契約行為。即因雙方相互對立的意思表示一致而成立之法律行為。又稱「雙方行為」。例如買賣、租賃等行為是。2.共同行為。即由同一內容之多數意思表示平行的一致所成立之法律行為。又稱「合同行為」。例如社團法人之設立、總會之決議、公寓大廈區分所有權人會議訂定規約（公寓3⑫、23、31Ⅰ①）等行為是。

## 二、要式行為與不要式行為

法律行為以「是否須依一定方式為之始可成立或生效」為標準，可分為要式行為與不要式行為兩種：

### （一）要式行為

要式行為者，意思表示須依一定方式，或於意思表示外尚須履行一定方式，始能成立或生效之法律行為也。意思表示須依一定方式者，如不動產物權依法律行為而取得、設定、喪失及變更者，應以書面為之（民758Ⅱ）是，於意思表示外尚須履行一定方式者，如結婚除應以書面為之之外，尚須有二人以上證人之簽名，並應由當事人向戶政機關為結婚之登記（民982）是。要式行為之方式有法定方式與約定方式之分。法定方式者，法律所規定之方式也。例如設立社團應訂定章程（民47）、設立財團應訂立捐助章程（民60）、一年以上之不動產租賃契約應以字據訂立之（民422前段）、合會應訂立會單（民709-3）、終身定期金契約之訂立應以書面為之（民

730）、人事保證契約應以書面爲之（民756-1Ⅱ）、不動產物權依法律行爲而取得、設定、喪失及變更者，應以書面爲之（民758Ⅱ）、以債權爲標的物之質權其設定應以書面爲之（民904）、結婚應以書面爲之，有二人以上證人之簽名，並應由雙方當事人向戶政機關爲結婚之登記（民982）、夫妻財產制契約之訂立變更或廢止應以書面爲之（民1007）、兩願離婚應以書面爲之並有二人以上證人之簽名並應向戶政機關爲離婚之登記（民1050）、收養子女應以書面爲之並應向法院聲請認可（民1079Ⅰ）、抛棄繼承權應以書面向法院爲之（民1174Ⅱ）、遺囑之方式（民1189以下）等是。「法律行爲，不依法定方式者無效。但法律另有規定者，不在此限。」（民73）所謂法律另有規定，例如民法第422條後段規定，未以字據訂立者，視爲不定期限之租賃；第1193條規定，密封遺囑不具備1192條之方式，而具備1190條所定自書遺囑之方式者，有自書遺囑之效力等是。約定方式者，法律行爲當事人間所特約之一定方式也。「契約當事人約定其契約須用一定方式者，在該方式未完成前，推定其契約不成立」（民166）。

### （二）不要式行爲

不要式行爲者，意思表示無須依一定方式，意思表示之外亦不須履行一定方式，即可成立或生效之法律行爲也。法律行爲以不要式爲原則，以要式爲例外，學者稱之爲「方式自由之原則」。

## 三、要物行爲與不要物行爲

法律行爲以「於意思表示外，是否尙須以標的物之交付始可成立」爲標準，可分爲要物行爲與不要物行爲兩種：

### （一）要物行爲

要物行爲者，於意思表示外，尙須有標的物之交付，始得成立之法律行爲也。例如寄託契約（民589）、倉庫契約（民613）、使用借貸契約（民464）、消費借貸契約（民474）。要物行爲又稱「現實行爲」或「踐成行爲」。

## （二）不要物行為

不要物行為者，僅以意思表示即可成立之法律行為也。例如買賣契約，因買賣雙方意思表示之一致而成立，買賣標的物之交付則係履行問題而非成立要件是。不要物行為，又稱「非現實行為」或「諾成行為[1]」。法律行為以不要物行為為原則，要物行為為例外。

# 四、要因行為與不要因行為

法律行為以「是否可與其原因行為相分離而獨立有效」為標準，可分為要因行為與不要因行為兩種：

## （一）要因行為

要因行為者，法律行為之效力受原因行為之影響之法律行為也。亦稱「有因行為」。所謂原因行為，即法律行為所由產生之原因行為，例如甲因給付貨款而簽發支票與乙，此時甲乙間之買賣行為即為甲之票據行為之原因行為是。要因行為之效力受原因行為之影響，原因行為無效，則法律行為亦隨之而無效。一般之債權行為屬之。

## （二）不要因行為

不要因行為者，法律行為之效力不受原因行為之影響之法律行為也。亦稱「無因行為」。例如票據行為及物權行為是。票據行為為不要因行為，例如前項所舉之例，其後縱甲乙間之買賣行為無效，該支票仍為有效，而仍須對持票人付款是。物權行為為不要因行為，例如甲將土地移轉登記予乙以履行其與乙間之土地買賣契約，則買賣行為即為土地移轉行為之原因行為，其後縱甲乙間之買賣行為無效，該土地移轉行為仍為有效是。法律行為以要因行為為原則，不要因行為為例外。

---

[1] 諾成行為，係要物行為之相對名詞；要式行為之相對名詞，係不要式行為。不可將諾成行為誤解為要式行為之相對名詞。

## 五、財產行為與身分行為

法律行為以「其效果是否與財產或身分有關」為標準，可分為財產行為與身分行為兩種：

### （一）財產行為

財產行為者，發生財產上效果之法律行為也。可分為債權行為、物權行為與準物權行為三種。債權行為者，能發生債法上效果之法律行為；亦即以發生債權債務為內容之法律行為也。例如買賣行為，買受人因買賣行為而取得標的物所有權移轉之請求權，同時負有支付價金之義務，出賣人則因買賣行為而負有移轉標的物所有權之義務，同時取得價金之交付請求權是。債權行為，亦稱負擔行為。物權行為者，能發生物權法上效果之法律行為；亦即以直接發生物權之變動為內容之法律行為也。例如動產之交付行為、不動產所有權之移轉行為、抵押權之設定行為是。準物權行為者，雖非物權行為，惟其行為發生法律效果之後，不復有履行之問題，頗與物權行為相似，故學者以準物權行為稱之。例如債務之免除（民343）、債權之讓與（民294）、債務之承擔（民300）等是。物權行為與準物權行為，亦可合稱為處分行為。

### （二）身分行為

身分行為者，發生身分法上效果之法律行為也。又分為親屬行為與繼承行為。前者如結婚、收養是；後者如繼承人之指定，繼承權之拋棄是。

## 六、有償行為與無償行為

法律行為以「其有無對價」為標準，可分為有償行為與無償行為兩種：

### （一）有償行為

有償行為者，雙方當事人各因給付而取得對待利益之法律行為也。例如買賣，出賣人因移轉標的物所有權而取得價金，買受人則

因支付價金而取得標的物所有權是。

### （二）無償行為

無償行為者，當事人之一方不須為給付而取得對待利益之法律行為也。例如贈與，只贈與人為給付，受贈人則無須為對待給付即可取得贈與物是。

## 七、主行為與從行為

法律行為以「其是否能獨立成立」為標準可分為主行為與從行為兩種：

### （一）主行為

主行為者，能獨立成立之法律行為也。一般法律行為屬之。

### （二）從行為

從行為者，不能獨自成立，而須依附他種法律行為，始能成立之法律行為也。亦即係以其他法律行為之成立為其成立前提之法律行為。例如夫妻財產制契約以夫妻關係之存在為前提，如無夫妻關係之存在，即無夫妻財產制契約之成立是。

## 八、生前行為與死後行為

法律行為以「其效力係發生於生前或死後」為標準，可分為生前行為與死後行為兩種：

### （一）生前行為

生前行為者，生前所為並於生前即生效力之法律行為也。一般法律行為均屬之。

### （二）死後行為

死後行為者，生前所為但於死後始發生效力之法律行為也。又稱死因行為。例如遺囑，雖係由立遺囑人於生前所立，惟須至立遺囑人死亡後始發生遺囑之效力是。

## 參、法律行為之要件

法律行爲之要件者，法律行爲之成立或生效所應具備之要件也。法律行爲之要件可分爲成立要件與生效要件兩種。法律行爲之成立要件與生效要件，係截然分立之二回事。法律行爲須先具備成立要件，始生有效與否之問題，若法律行爲欠缺成立要件，則因法律行爲根本尚未成立，故無有效與否之問題。但在實際上，法律行爲之成立要件與生效要件二者，通常係同時存在。亦即法律行爲，除須具備特別生效要件者外，係成立之同時生效。

### 一、法律行為之成立要件

即法律行爲之成立，所須具備之要件也。可分爲二：

#### （一）一般成立要件

乃指一切法律行爲所共通之成立要件也。通說以1.當事人；2.標的；3.意思表示。三者爲法律行爲之一般成立要件。此等要件，若有欠缺，則法律行爲不能成立。

#### （二）特別成立要件

乃特定法律行爲，除一般成立要件外，所須具備之特別成立要件也。例如約定要式行爲（民166）或寄託契約（民589），除須有當事人、標的、意思表示外，尚須踐行一定方式或現實交付標的物始能成立，此一定方式之踐行或標的物之交付，即該特定法律行爲之特別成立要件是。欠缺特別成立要件者，法律行爲仍不能成立。

法律行爲之成立，乃法律行爲「存在」或「構成」或「形成」之意。因此，成立與否係屬事實判斷之問題。亦即成立本身僅有「是」、「否」成立之問題，而無「有效」或「無效」成立之可言，若云「有效成立」，似有誤會。

### 二、法律行為之生效要件

即法律行爲之生效，所須具備之要件也。亦可分爲二：

### （一）一般生效要件

指一切法律行爲所共通之生效要件。法律行爲之一般生效要件有三，即1.當事人須有行爲能力；2.標的須適當；3.意思表示須健全。此等要件如有欠缺，則法律行爲雖已成立仍不生效力。（但我國民法關於意思表示不健全之效力，規定非真意表示原則上爲有效，通謀虛僞表示爲無效，其餘錯誤、誤傳、詐欺、脅迫等所爲之意思表示，則僅爲得撤銷。是爲例外。詳如後述。）

### （二）特別生效要件

指特定法律行爲，除一般生效要件外，所須具備之特別生效要件。例如限制行爲能力人之法律行爲以法定代理人之允許或承認（民77～79）、附停止條件或始期之法律行爲以條件之成就或始期之屆至（民99Ⅰ、102Ⅰ）、無權處分行爲以有權利人之承認或行爲人之取得權利（民118）、無權代理行爲以經本人承認（民170）、遺囑以立遺囑人之死亡（民1199）爲特別生效要件是。欠缺特別生效要件者，法律行爲仍不能生效。

法律行爲之生效，乃法律行爲具有法的「拘束力」或「實際規範效果」之意。因此，生效與否係屬法律判斷之問題，與法律行爲之成立，性質有別。

## 第二項　法律行爲之標的

法律行爲之「標的」者，法律行爲之「內容」也。亦即當事人依該法律行爲，所欲發生之法律上效果也。標的爲法律行爲成立要件之一，而欲法律行爲之有效，尚須其標的適當。所謂標的須適當，即法律行爲之內容須合法、確定、可能也。分述之如次：

## 壹、標的須合法

標的須合法云者，指法律行爲之內容，須不違反法律之強行規定或違背公序良俗而言，析言之：

## 一、須不違反強行規定

所謂強行規定，即強制或禁止規定。強制規定者，法律命當事人應爲一定行爲之規定也。法律條文係以「須」、「應」爲規定者屬之。例如法人須設董事（民27Ⅰ前段）及不動產物權依法律行爲而取得、設定、喪失及變更，應以書面爲之（民758Ⅱ）等規定是。禁止規定者，法律命當事人不得爲一定行爲之規定也。法律條文係以「不得」爲規定者屬之。例如權利能力及行爲能力不得拋棄（民16）及自由不得拋棄（民17Ⅰ）等規定是。須說明者，乃法條用語「應」、「須」、「不得」等，雖爲判斷是否強行規定之依據，但在解釋上，不以此爲限。亦即仍應依該法條之立法精神，參酌相關規定，以爲判斷。縱以「應」、「須」、「不得」爲文，性質上非強行規定者（例如民258Ⅱ、316等規定是）；或法條中未見「應」、「須」、「不得」等字，仍屬強行規定者，亦屬可能。但爲求明確，以使用定式文字爲宜。

「法律行爲，違反強制或禁止之規定者，無效。但其規定並不以之爲無效者，不在此限。」（民71）例如收養子女時，收養者之年齡，應長於被收養者二十歲以上（民1073），則若收養者未長於被收養者二十歲以上，即屬違反強制規定，其收養契約應認爲無效（民1079-4）；又如自由不得拋棄（民17Ⅰ），則若當事人訂定拋棄自由之契約，即屬違反禁止規定，其契約應認爲無效是。惟有時法律雖就某事項爲強行規定，然於違反時，則另定其效果，並不以之爲無效者亦有之，此時即爲例外。例如「未成年人結婚，應得法定代理人之同意」（民981）是爲強制規定，惟違反之者依民法第990條規定，僅得撤銷，並非無效；又如「典權約定期限不得逾三十年」（民912前段），是爲禁止規定，惟若當事人約定典權期限超過三十年，依同條後段規定僅應縮短爲三十年，並非無效是。

須附言者，學說上尚有所謂「脫法行爲」者，即不直接違反強制或禁止之規定，而以他種迂迴方法，產生與該項規定所禁止者同

一效果之行為。換言之，即以合法之手段，達成違法之目的之行為也。例如以折扣或其他方法（例如禮金等名義）逃避禁止高利（民206）之規定是。此種行為，實質上既違反強行規定，自屬無效，而不待言。

## 二、須不違背公序良俗

「法律行為，有背於公共秩序或善良風俗者，無效。」（民72）公共秩序與善良風俗，簡稱為公序良俗，指維繫國家社會存在價值及健全發展方向所必要之國民生活方式與國民道德標準。法律行為違背公序良俗，屬妨礙國家社會存在價值及健全發展方向之行為，不具社會妥當行或正當性，學理上稱為反社會性之行為，故須受到修正，而使之無效，始能維繫國家社會存在價值及健全發展方向。

公序良俗，於羅馬法即已存在，法國民法最初係以之作為限制契約自由之原則，各國民法相繼採之，現今已成為支配私法全領域主要效力條款之一，與誠信原則、禁止權利濫用原則、禁止違反公共利益原則，同等重要[2]。公序良俗，係一種國民標準。公共秩序，係從國民之外在要求，亦即國民之生活方式為觀察；善良風俗，則係從國民之內心要求，亦即國民之道德標準為觀察。二者均以維繫國家社會存在價值及健全發展為依歸，故其標準通常一致，並可為互通之解釋[3]。

---

[2]　史尚寬，民法總論，300頁；施啟揚，民法總則，210頁。

[3]　史尚寬，民法總論，301頁謂：「然善良風俗與公共秩序亦非完全一致，有不違反善良風俗而違反公共秩序者，例如以此物為贈與，而約定不可讓與他人永遠保為己有，自道德上言之，並無不合，然與以財產移轉之自由為基礎之現今經濟秩序，不無牴觸，不得生法律之效力。亦有不違反公共秩序而違反善良風俗者，例如未婚男女為通姦，刑法不予處罰，不得謂為違反公共秩序，然如訂立以之為目的之契約，則有背於善良風俗，應無效。」實則，如此說明，僅具形式上意義，並不影響二者實質相通之內涵。質言之，贈與物不得讓與之約定，在經濟秩序上，似無不可，反而在道德上應受非難；未婚男女訂定通姦之

　　早期，公序良俗多數係因習俗文化日積月累而形成，現代則多數可因政府法令或民間團體或企業之推動而形成，或因既存之公序良俗反射而形成。由政府法令推動而形成者，例如行車靠右（道路規則95Ⅰ、124Ⅲ）、男女結婚（民980）、一夫一妻（民985）、孝敬父母（民1084Ⅰ）、公共場所禁菸（菸害15、16）、最高利率限制（民205）、競業禁止（公司32）……等，由民間團體或企業推動而形成者，例如排隊購票購物、搭乘捷運電扶梯靠右站立……等，此等情形，如政府法令廢止或民間團體或企業之推動措施廢止後，國民仍猶遵循者，乃「法律是最低限度的道德」之具體展現，如政府法令繼續併存，則屬法規競合之適用問題。因既存之公序良俗反射而形成者，例如一夫不二妻、同性不結婚、利益應迴避……等。上開各種原因形成之公序良俗，**無論何者，均須達於絕對多數國民普遍自然接受成為生活方式或道德標準之程度，始具有法的規範效力**，此點與習慣法性質相同。

　　公序良俗存在於當地國民全體，必須就具體事項求之於當地國民全體，以絕對多數國民認同之生活方式及道德標準為準，不得以少數人之觀念強作為公序良俗。又公序良俗係國民標準，本質為良善可行，無惡法亦法之問題。再者，法律行為必須合於公序良俗之標準，始生法律效力，始有法律如何規範或如何保護之問題，例如私通小三或小王、納妾或同性結合，雖屬私人問題，如無害於他人，應予尊重，但因與現今臺灣男女結婚及一夫一妻之國民生活方式或道德標準不合，**即使獲得相關當事人默許或同意，亦無法獲得法律規定之地位，無法律規定之地位，自更無進一步討論是否違憲之問題**。此外，民間團體或企業推廣之特定觀念或作為，縱與既存之公序良俗不合，仍屬言論自由之範圍，如能獲得國民普遍認同，終亦可能形成新的公序良俗，不待言。同此觀念，政府如欲訂定足以影響或改變既存公序良俗標準之法令，亦應出於相同方式，亦即須先

---

　　契約，在道德上似無人理會，反而在公共秩序上易受非難（哪有人訂這種契約？不像樣）。

致力使該擬議中之新法令達到公序良俗之標準始可。特別是對於具
爭議性之事項,更應如此。質言之,政府應先進行實施新法令後可
能帶來之各項影響評估並對國民全體進行各項可能影響結果之充分
說明,獲得國民全體普遍認同,始能改變或取代既存之公序良俗標
準。否則,一意以少數人之觀念強作公序良俗,勢必帶來國民全體
生活方式及道德標準之失序紊亂及民心鬱悶,甚至成為文化災難,
並非法治國應遵守法律正當程序之所當為。此為公序良俗應有之基
本觀念。

　　法律行為違背公共秩序(國民生活方式)之情形,例如(在我
國)訂定不得靠右行車之契約、一夫二妻之契約、約定不結婚之契
約、超過合理期限之競業禁止契約、以折扣本金或另取禮金方式規
避重利之契約等是。須說明者,我國早期實例,有將國家政策解為
公共秩序者,例如漢奸於收復區淪陷期內,鑒於政府轉變,將原有
財產預行出賣,如買主係串同買受,避免法律之執行,即與公共秩
序有妨害,該項買賣契約依民法第72條規定,仍屬無效[4];外匯在政
府管制之下,臺灣銀行所發結匯許可證內記載「不得轉讓或抵押」
等字,則聽任其自由轉讓或抵押之結果,實足影響國家外匯政策,
即應解為有背公共秩序,依民法第72條,其行為為無效[5]等是。惟按
此等事項實應屬法律強制規定之範圍,與國民生活方式之性質有所
不同。

　　法律行為違背善良風俗(國民道德標準)之情形,例如夫妻間
為恐一方於日後有虐待或侮辱他方之情事而預先簽訂之離婚契約[6]、
以人身為抵押標的之契約[7]、押女為娼之契約[8]、以金錢給付為離婚條

---

[4]　35院解字3100。
[5]　50台上691。
[6]　55台上2596。
[7]　18上1745。
[8]　19院256。

件之契約[9]、一人同時爲二人養子之契約[10]、將土地所有權移轉於同居女子而約定一旦終止同居關係即應返還該地之契約[11]等是。

公序良俗標準之確定，係事實問題，應依法律行爲時當地之國民標準定之，不同時期或不同國家或地區之標準，就此時本地公序良俗之決定並無意義。至於法律行爲有無違背公序良俗，則爲法律問題，得爲上訴第三審之理由[12]，二者不可混淆。此外，公序良俗之標準確立後，於認定具體事項有無違背該公序良俗時，不論其違背之情形是否明顯，均須依嚴謹之邏輯及論理說明，始足爲之。

須附言者，法律上有所謂暴利行爲者，亦屬違背公序良俗之行爲，原亦應認屬無效，惟我國民法僅規定得由利害關係人聲請法院撤銷或減輕其給付。述之如次：

### （一）暴利行爲之意義

暴利行爲者，乘他人之急迫、輕率或無經驗，使其爲財產上之給付，或爲給付之約定，依當時情形顯失公平之法律行爲也（民74Ⅰ前段）。例如乘人窮迫之際，貸與金錢，約定將來須加倍返還之行爲是。

### （二）暴利行爲之要件

暴利行爲之成立，須具備下列要件：

**1.主觀要件，須係乘他人急迫、輕率或無經驗之際而爲之法律行爲**

急迫、輕率或無經驗情形之有無，原則上固應就暴利行爲實施之對象，亦即就爲給付或爲給付約定之人決之。惟因與自己有相當關係之人之急迫、輕率或無經驗而由自己對行爲人爲財產上之給付或爲給付之約定，亦時而有之。此時即應就其實際情形認定之。故

---

[9]　59台上1284判決。

[10]　60台上2936判決。

[11]　65台上2436。

[12]　史尚寬，民法總論，301頁。

所謂「他人」，解釋上不以為給付或為給付約定之本人為限。

2.客觀要件

有二：

(1)法律行為之標的須關於財產上之給付或其給付之約定

即法律行為之內容須係關於財產之現實給付或財產給付之約定。惟所謂「給付」，不以對行為人為之為限，使其對於第三人為給付亦非不可。

(2)須依當時情形顯失公平

所謂「當時」情形，指法律行為成立時之情形而言。所謂顯失公平，即顯然有欠公平之意。是否顯失公平，並無固定不變之抽象標準，必須依法律行為成立時之社會一般觀念，就個案之具體情形論定之。

### （三）暴利行為之效力

暴利行為發生後，「法院得因利害關係人之聲請，撤銷其法律行為，或減輕其給付。」（民74 I 後段）「前項聲請，應於法律行為後一年內為之。」（民74 II）

按暴利行為係屬違反公序良俗行為之一種，依民法第72條規定，原應認屬無效。惟因其涉及社會公益較少，為尊重當事人意思，故民法第74條僅規定，得由利害關係人於法律行為後一年內，聲請法院撤銷其法律行為，或減輕其給付，而不以之為當然無效。所謂利害關係人，凡因暴利行為而生利害關係之人均屬之。又此之謂撤銷，須由法院為之始可，亦即須以訴訟上之撤銷為之，訴訟外之撤銷不生效力。「一年」之期間，為撤銷權之除斥期間。

## 貳、標的須確定

標的須確定云者，法律行為之內容於法律行為成立之時須已確定，或可得而確定之謂也。故所謂「不確定」，係指完全無法確定而言。

　　法律行爲之標的如自始不確定，則法律行爲無效。例如法律行爲之內容係債權人同意債務人任意給付，或債務人允許債權人一切請求而不確定其內容者，均屬之。惟法律行爲之標的於法律行爲成立時雖尚未確定，但已處於「可得確定」之狀態者，則非屬此所謂不確定之範圍，其法律行爲仍爲有效。例如買賣契約中約定價金依交割時之市價計算是。所謂「可得確定」，係指可於日後由當事人或第三人依法律之規定（如民200以下）、習慣或其他情事而加以確定而言。

　　標的不確定之法律行爲，其效力如何？我國民法未設明文。解釋上，如法律行爲之標的不確定，則其效力無由實現，應認爲無效。

## 參、標的須可能

　　標的須可能云者，法律行爲須以可能實現之事項爲其內容也。如以「不能」實現之事項爲標的，則法律行爲無效。所謂「不能」，係指下列五種情形：

### 一、自始不能

　　自始不能云者，法律行爲成立之時，其標的即屬不能實現之謂也。例如房屋已焚毀，仍訂立買賣該房屋之契約是。以自始不能之事項爲法律行爲之標的者，即爲標的不適當，因欠缺有效要件，故爲無效。至法律行爲成立後，其標的始成爲不能實現者，謂之嗣後不能。例如昨日甫定契約，今日房屋焚毀是。嗣後不能，僅係債務不履行（民226以下）之問題，非屬有效要件之欠缺。

### 二、事實不能

　　事實不能云者，法律行爲之內容，事實上無法實現之謂也。例如挾泰山以超北海，則償萬金之約定是。以事實不能之事項爲標的，則法律行爲無效。至法律行爲之標的因法律所不許而不能者，

謂之法律不能。例如買賣人口或買賣鴉片之約定是。法律不能係標的合法與否之問題，非所謂標的不能。

## 三、客觀不能

客觀不能云者，任何人皆屬不能實現之謂也。例如海底撈針是。以客觀不能之事項為標的，則法律行為無效。至僅因當事人本身之原因而不能者，謂之主觀不能。例如受僱為繕寫員，嗣因己身斷臂而不能充任是。主觀不能，僅生債務不履行之問題，非茲所謂標的不能。

## 四、永久不能

永久不能云者，不能之情形永久繼續，無除去之時之謂也。例如僅存之古董已毀損，猶訂定買賣該古董之契約是。以永久不能之事項為標的，則法律行為無效。至初雖不能，但其不能之情形，嗣後可以除去者，謂之一時不能。例如訂定房屋買賣契約之際，房屋所有權雖非出賣人所有，但交屋前出賣人可能取得所有權，以除去不能之情形是。以一時不能之事項為標的，不影響法律行為之生效，至嗣後無法除去不能之情形時，係屬債務不履行之問題，非茲所謂標的不能。

## 五、全部不能

全部不能云者，法律行為之內容全部不能實現之謂也。例如前例房屋已燒燬，猶訂定買賣該房屋之契約是。以全部不能之事項為標的，則法律行為無效。至法律行為之內容，僅一部不能實現者，謂之一部不能。法律行為之內容一部不能者，如與其他部分為不可分，則全部無效；如與其他部分為可分，則僅該不能部分為無效，其他部分仍為有效（民111）。例如遺囑人以一定之財產為遺贈，而其財產在繼承開始時，有一部分不屬於遺產者，其一部分遺贈為無效（民1202前段）。但其他部分之遺贈契約仍為有效是。

# 第二節　意思表示

## 第一項　總　說

### 壹、意思表示之意義

意思表示者，表意人將其欲成立法律行為之意思，表示於外部之行為也。分言之：

#### （一）意思表示者行為也

所謂行為，乃指人類身體有意識之動靜。意思表示是人類身體有意識之動靜，其為行為，自不待言。

#### （二）意思表示者表示行為也

所謂表示行為，乃將內部之心理狀態，表示於外部之行為。可分意思表示、事實通知、感情表示、意思通知等四種，意思表示係其中之一種。

#### （三）意思表示者欲成立法律行為之表示行為也

表示行為中有欲成立法律行為者與非欲成立法律行為者之分。意思表示屬前者。前已言之。

#### （四）意思表示者表意人之行為也

為意思表示之人，謂之表意人，表意人將其欲成立法律行為之意思，表示於外部之行為，是為意思表示。

### 貳、意思表示之成立要件

意思表示之成立，由內而外，須經歷「意思」與「表示」二階段。意思係表意人內心之狀態，可分為「效果意思」與「表示意思」。至所謂「表示」，則指表意人外部之「表示行為」。是意思表示之成立要件有三，分述之：

## 一、須有效果意思

效果意思者，就特定標的，欲使其發生一定法律上效力之慾望也。又稱目的意思，或效力意思，或法效意思。例如就某物有訂定買賣契約以取得價金或讓與所有權之意思是。效果意思如因錯誤或不自由（被詐欺或脅迫）之瑕疵，進而為意思表示之瑕疵，則不得成立完全有效之法律行為（詳如後述），故意思表示之第一要件，須有無瑕疵之效果意思。

效果意思須與動機相區別，動機只是一種廣泛的需要。例如需要轎車代步、想買襯衫穿等是。當有動機之人，看中某一部喜歡之汽車，或某件襯衫，並決定購買它時，就該汽車或襯衫始得謂之有效果意思。動機並非意思表示之成立要件。

## 二、須有表示意思

表示意思者，有將內部之效果意思表達於外部之意思也。亦即表意人為意思表示之際，內心上須有以言語、文字或其他作為，表現「效果意思」之本意也。例如交易所以舉手為應買之表示，茲有某甲本於買受之意思（效果意思），進而舉手應買，則其舉手即係基於表示意思。反之，苟有某乙雖有買受某物之效果意思，但於低於某價格前仍不願應買，突有人戲將其手舉起，或突見失散多年之友人而不覺招手，則此種舉手或招手即屬欠缺應買之表示意思。

## 三、須有表示行為

表示行為者，將效果意思置於他人可以認識之狀態之行為也。亦即使效果意思得由外部認識之作為或不作為。以作為所為之意思表示，例如前例之「舉手」，是為明示之意思表示；以不作為所為之意思表示，是為默示之意思表示。其詳如次項所述。

須說明者，乃效果意思、表示意思、及表示行為，均須以表意人之意識出之，始足相當。若係於無意識（例如心神喪失、睡眠

中、被催眠、被麻醉、受絕對強制）或精神錯亂（如精神分裂症或羊癲瘋發作）中所為之行為，根本無效果意思及表示意思可言，亦無表示行為之價值，自不成立意思表示，而為無效（民75後段）。

## 參、意思表示之種類

### 一、明示之意思表示與默示之意思表示

明示之意思表示者，以言語、文字或其他交易上用以直接表示其效果意思本身之作為，所為之意思表示也。又稱作為之意思表示。例如對菸販曰買菸、以書面訂立契約、點頭同意、向自動販賣機投幣、揮手招呼計程車、表決時之投票或舉手或起立或鼓掌通過、舉手或按鈕應買、在自助餐飲或商店自取賣品、將汽車開入收費停車場之停車位置等均屬之。默示之意思表示者，雖無直接表示其效果意思本身之作為，但具有認知其效果意思之客觀價值之其他作為或不作為，得供評定而擬制其效果意思之謂也。又稱不作為（指直接表示效果意思方面之不作為）之意思表示。可分作為（指其他作為）之默示意思表示（或稱積極的默示意思表示）及不作為之默示意思表示（或稱消極的默示意思表示）。作為的默示意思表示，又有法律上擬制之默示（例如民法第387條第2項規定：「買受人已支付價金之全部或一部，或就標的物為非試驗所必要之行為者，視為承認」；第451條規定，租賃期限屆滿後，「承租人仍為租賃物之使用收益」，即擬制為繼續承租之要約是）。與解釋上擬制之默示（例如出賣人於接受訂貨之際，未明示可否，惟隨即從事貨品之製造，則其製造貨品之行為，足可評定其承諾之意思，應解釋視為承諾；又債務清償期屆至後，債權人未請求清償，債務人亦未明示承認其債務之存在，但嗣後卻自行支付利息或清償部分債務，應解釋視為承認債務（民129Ⅰ②），有中斷消滅時效之效力是）二類。不作為之默示意思表示，即單純之沈默（或謂緘默），須以法律明文擬制其為意思表示（例如民法第80條第2項、第170條第2項、第302條第1項等明定「視為拒絕承認」；第386條明定「視為拒絕」；第

387條第1項明定「視爲承認」；第451條明定出租人不即表示反對之意思者，視爲以不定期限繼續租約之承諾等是）；或當事人約定以其爲意思表示之方法（例如甲與錄影帶公司約定，一發行新影帶即寄於甲，一週內不退還，即付款。此時甲於一週內不退還，即係承諾）；或依習慣（例如在習慣上，被推選爲會議代表者，不反對即表示接受選任）；或依其事件之性質（例如一方要約他方不吸菸，他方即不再吸菸，即表示承諾）始足認屬意思表示。否則單純之沈默並無法律上之效力。

## 二、有相對人之意思表示與無相對人之意思表示

有相對人之意思表示者，必須有相對人存在，始能成立之意思表示也。例如債務之免除，須向債務人爲之（民343），亦即免除債務之意思表示須以債務人爲相對人，始能成立是。無相對人之意思表示者，無須相對人之存在，即能成立之意思表示也。例如社團總會之決議、遺囑之訂立等意思表示，均無須相對人之存在即可成立是。

## 三、對特定人之意思表示與對不特定人之意思表示

有相對人之意思表示中，以相對人之是否爲特定之人抑或不特定之人爲標準，可分爲對特定人之意思表示與對不特定人之意思表示二者。前者乃對於特定之人所爲之意思表示。例如同意、允許、撤銷、解除等意思表示是。後者乃對於不特定之人所爲之意思表示。例如懸賞廣告是。

## 四、對話之意思表示與非對話之意思表示

有相對人之意思表示中，以當事人得否直接交換意見爲標準，可分爲對話之意思表示與非對話之意思表示二者。前者乃當事人處於可以直接交換意見之情形下所爲之意思表示。例如以口頭、電話或旗語等方法所爲之意思表示是。後者乃當事人處於無法直接交換意見之情形下所爲之意思表示。例如以書信、電報、傳真、使者等

傳達方法所爲之意思表示是。

## 五、物權行為之意思表示與其他法律行為之意思表示

意思表示原亦可因法律行爲之不同，而作分類，但無何實益，故論者均未設此項分類。惟依民法第761條第1項規定：「動產物權之讓與，非將動產交付，不生效力。但受讓人已占有動產者，於讓與合意時，即生效力。」動產所有權之移轉，須以讓與合意及交付爲要件。所謂讓與合意，指當事人移轉動產所有權意思表示之一致。又依第758條第2項規定，不動產物權，依法律行爲而取得、設定、喪失及變更者，應以書面爲之。亦即，應以書面爲意思表示。可知物權行爲另有其意思表示，應與其他法律行爲（債權行爲、準物權行爲、及身分行爲）之意思表示相區分。尤其物權行爲與債權行爲，通常相隨，二者之意思表示，不應相混。要言之，在涉及物權（動產物權及不動產物權）移轉或設定之交易中，除時效取得及將用益物權（地上權、永佃權、地役權）設定之先前約定解爲物權契約之預約等情形外，當事人均先有債之意思表示，再有物權移轉（例如交付、移轉登記）或設定（例如抵押權設定、典權設定）本身之意思表示，以及移轉或設定之事實行爲。雖在動產的現物交易中，債的意思表示與交付的意思表示，通常合而爲一，但仍應分別理解。

## 六、健全之意思表示與不健全之意思表示

健全之意思表示者，無瑕疵之意思表示也。不健全之意思表示者，有瑕疵之意思表示也。所謂「瑕疵」，乃意思表示不一致及意思表示不自由之謂，詳如後述。

# 第二項　意思表示不一致

意思表示不一致者，表意人內部之意思與表示於外部之意思不合致之謂也。意思表示不一致之效力如何？學說有三：

## （一）意思主義

認為應以內部之意思為有效，外部之意思無效。此說對表意人有利。

## （二）表示主義

認為應以外部之意思為有效，內部之意思無效。此說對相對人有利。

## （三）折衷主義

又分兩說，一以意思主義為原則，表示主義為例外；一以表示主義為原則，意思主義為例外，我國民法採後者，即意思表示不一致，原則上應以外部之意思為有效，例外始以內部意思為有效。

意思表示不一致，可分兩種情形：一為表意人知其不一致者，是為「故意之不一致」，即「非真意表示」與「虛偽表示」。另一為表意人不知其不一致者，是為「無意之不一致」，即「錯誤」與「誤傳」。分述之。

# 壹、故意之不一致

## 一、非真意表示

茲將非真意表示之意義、要件及效力說明如次：

### （一）非真意表示之意義

非真意表示者，表意人無欲為其意思表示所拘束之意，而為之意思表示也（民86前段）。因係表意人單獨故意所為之虛偽表示，故又稱為「單獨虛偽表示」；又將虛偽之意思，表示在外，猶如將真意（不論當時另有無真意）保留在心中，故又稱為「心中保留」或「真意保留」。例如表意人本欲賣甲農地，為求高價，而故意表示出賣乙建地；又如表意人對友人客套虛言願將愛車相贈等情形是。非真意表示中之真意及虛偽意思二者，係就表意人為真誠剖析而得。實際上，外人根本無從知悉表意人內心另有無真意或真意如

何。易言之，在非真意表示之情形，外觀上只有表意人自知之虛偽表示存在，而外人則除明知者外（86但書，如後所述），均視之爲表意人之真意。

### （二）非真意表示之要件

非真意表示之成立，須具備之要件有三：

1.須有意思表示之存在。

2.須表示與真意不一致。

3.須表意人明知其表示與真意不一致，而故爲表示。

具備上列三要件，即成立非真意表示，至表意人之動機如何？是否出於欺罔或諧謔？則非所問。

### （三）非真意表示之效力

依民法第86條之規定，非真意表示「不因之而無效」，亦即以表示於外部之意思（包括物權行爲之意思表示）爲有效，而不推究表意人心中之真意爲何。其所以如此者，旨在避免表意人事後以自稱之真意推翻其表示於外部之意思，而保護相對人及交易之安全也。例如前舉第一例，表意人賣乙建地、移轉占有及移轉登記等之意思，均屬有效是。惟此乃原則，在有相對人之意思表示，若其表示之非真意爲相對人所明知者，則無效（民86但書）。例如前舉第二例，表意人並無將愛車相贈之意，必爲其友人所明知，故其相贈之表示及交付之意思，均屬無效是。

非真意表示無效時，通說認爲應類推適用民法第87條第1項但書規定，其無效不得對抗善意第三人。亦即表意人以及明知之相對人，不得對不知表意人之非真意之第三人，主張非真意表示之無效。而該不知情之第三人，則得主張非真意表示爲有效或無效。例如前舉第二例，設汽車已交付友人，且友人又轉賣並交付不知情之張三，則表意人及其友人，均不得對張三主張非真意表示之無效，亦即不得主張「友人」係無權處分，而張三則得主張非真意表示爲

有效,「友人」係有權處分,而合法取得該車之所有權。張三亦可主張非真意表示爲無效,使「友人」成爲無權處分,而依關於動產善意受讓之規定(民801、948),取得該車之所有權。

## 二、虛偽表示

虛偽表示之意義、要件及效力,說明如次:

### (一)虛偽表示之意義

虛偽表示者,表意人與相對人通謀而爲之虛偽的意思表示也(民87 I)。又稱「通謀虛偽表示」。例如債務人因欲隱匿財產,而與人通謀,偽以買賣爲名義將其財產移轉登記於該人,而實際上並無價金之支付是。

### (二)虛偽表示之要件

虛偽表示之成立,須具備之要件有四:

1.須有意思表示之存在。

2.須表示與真意不一致。

3.須表意人知其表示與真意不一致。

4.須表意人與相對人通謀　即表意人與相對人就非真意之表示,須具有合意也。

具備上列四要件,即成立虛偽表示,至表意人之目的爲何?是否出於欺詐或在於達成其他違法之目的?均非所問。

### (三)虛偽表示之效力

應從二方面觀之:

#### 1.當事人間之效力

「表意人與相對人通謀而爲虛偽意思表示者,其意思表示無效」(民87 I)。所謂「無效」,即通謀而爲之虛偽表示(包括物權行爲之通謀虛偽表示)對於雙方當事人皆屬不生效力之謂。例如

某甲為免其房屋被查封，而與某乙通謀，偽將其房屋出賣與某乙，則甲乙間之買賣契約無效，若已辦妥移轉登記，其所有權移轉契約，亦屬無效，房屋在法律上仍為某甲所有是。

### 2.對於第三人之效力

虛偽表示在當事人間固為無效，惟對於第三人之效力則如何？依民法第87條第1項但書規定「不得以其無效對抗善意第三人」。善意云者「不知情」也。對抗云者，「對……主張」也。故所謂不得以其無效對抗善意第三人，即「不得向不知情之第三人主張其為無效」之謂。亦即不知情之第三人得主張該通謀虛偽表示為有效或無效。至知情或不知情，應依第三人與該虛偽表示之效力發生利害關係之情形決之。即：(1)虛偽表示之成立在第三人發生關係之先者，第三人只須於發生關係之時，係屬不知情，即為善意。例如甲與乙通謀，偽將其房屋出賣與乙，繼由第三人丙向乙買受，則只須丙向乙買受之時不知甲乙間通謀虛偽表示之事情，即係善意是。此情形，丙得主張甲乙間之通謀虛偽表示有效，有權請求乙交屋並為所有權移轉登記；如已辦妥所有權移轉登記，則甲、乙均不得請求返還。(2)虛偽表示之成立在第三人發生關係之後者，應認為第三人係屬不知情，而為善意。例如甲先將房屋出售予丙，再與乙通謀虛偽表示，將房屋讓受予乙，則應認丙與甲之交易，就甲與乙之虛偽表示，係不知情，而屬善意是。此情形，丙得主張甲乙間之通謀虛偽表示無效（甲、乙不會亦不得對丙主張無效），有權請求甲交屋並為所有權移轉登記；如甲已交屋於乙，或所有權已移轉登記於乙，丙並得以自己名義，代位甲（民242、243），訴請乙為塗銷登記，並將房屋返還於甲，且合併訴請甲辦理移轉登記及交屋。另丙亦可以侵害債權為理由，直接訴請侵權行為人乙為塗銷登記（甲處分自己之財產，不構成共同侵權行為）及返還房屋於甲，且合併訴請甲辦理移轉登記及交屋[13]。

---

[13] 70台上3168判決；王澤鑑，民法總則，389～391頁。

### 三、虛偽表示與類似行為之區別

下列行為與虛偽表示相似，實則不同：

#### （一）隱藏行為

隱藏行為者，虛偽表示所隱藏之法律行為也。虛偽表示，有單純虛偽表示而不隱藏他項法律行為者，亦有以虛偽表示為表，而成立他種法律行為者。例如表示買賣，實則並無價金之支付，而為贈與，此之贈與即隱藏行為是。「虛偽意思表示，隱藏他項法律行為者，適用關於該項法律行為之規定」（民87Ⅱ）。例如上例之買賣屬虛偽表示，固為無效，惟贈與則為隱藏行為，應為有效，且應適用贈與之規定以定其效力是。

須說明者，乃所謂「隱藏他項法律行為者」，係指虛偽表示本身具備該他項法律行為之成立要件者而言。若該他項法律行為為要式或要物行為，惟虛偽表示本身欠缺一定之方式，或無標的物之交付，則自無適用該項法律行為之規定之餘地。其次，所謂「適用關於該他項法律行為之規定」，僅在虛偽表示行為雙方當事人間有效。對於第三人，則仍應適用關於虛偽表示之規定[14]。

#### （二）信託行為

信託行為者，當事人欲達成一定之經濟目的，而設定超過其目的之法律關係之法律行為也。依信託法第1條規定：「稱信託者，謂委託人將財產權移轉或為其他處分，使受託人依信託本旨為受益人之利益或為特定之目的，管理或處分信託財產之關係。」例如委託他人收取欠款而讓與其債權是。此種行為外表上係債權之讓與，而內容上則屬收取欠款之委託，外表與內容不一致，頗似虛偽表示。惟因債權讓與之行為具有效果意思，且有表示行為，而二者並非不一致，故與虛偽表示之為無效者，不可同日而語。於信託行為之情形下，第三人只知被信託人為完全權利人而不知有信託人之存在，

---

[14]　50台上2675。

故如被信託人於取得權利後，違反信託契約，將該權利讓與第三人時，信託人無法向之追回，僅能向被信託人請求賠償。

### （三）詐害行為

詐害行為者，債務人所為有害債權人之債權之法律行為也。此種法律行為並非意思表示不一致，僅為保護債權人之利益法律規定得由債權人訴請撤銷，至在撤銷前，其行為仍屬有效，此與虛偽表示為意思表示不一致而當然無效者不同。又虛偽表示須有相對人與之通謀，而詐害行為則無此限制；其次，虛偽表示原則上不限於財產行為，身分行為亦可為之，而詐害行為則以財產行為為限（民244Ⅱ）。

## 貳、無意之不一致

## 一、錯　誤

茲將錯誤之意義、種類及效力說明如次：

### （一）錯誤之意義

錯誤者，表意人之表示，因誤認或不知，致與其意思偶然的不一致之謂也。分述之：

#### 1.錯誤者表意人之表示與其意思不一致之謂也

錯誤係意思表示不一致之一種。

#### 2.錯誤者因誤認或不知致表示與意思偶然的不一致之謂也

錯誤之意思表示不一致，非由於表意人之故意使然，而係事出偶然，故為無意之不一致之一種。至所謂偶然，原因有二：一為「誤認」，例如誤銅為金，誤騾為馬是，我國民法第88條第1項「意思表示之內容有錯誤」一語，即係指此種誤認之情形而言；一為「不知」，例如應書1萬元而誤書為2萬元，應言租賃而誤言借貸，所謂筆誤語誤者是，我國民法第88條第1項「表意人若知其事情，即不為意思表示」等語，即指此種不知之情形而言。誤認與不知之不同處，在乎前者並非全無認識，乃認識不正確；後者則係毫無認

識，二者就認識之一點言，雖有程度上之差別，但就其結果言，則均爲偶然的不一致，因而在法律上之效力，並無差異。

### （二）錯誤之分類

依民法第88條之規定，可將錯誤分爲三類。即：「意思表示之內容錯誤」、「意思表示之行爲錯誤」、「擬制的意思表示之內容錯誤」是。

#### 1.意思表示之內容錯誤

簡稱「內容錯誤」。即意思表示所包含之各事項中，發生客觀不正確之情事也。民法第88條第1項所定：「意思表示之內容有錯誤」，即爲此種錯誤。意思表示所包含之事項爲何？因意思表示所成立之法律行爲之性質不同而異。但主要者有：法律行爲之性質、當事人（包括外在資料及內在條件）、標的（包括物及權利之外在資料及內在條件）、履行事項、及其他事項等五大類，表意人對此等事項，認識不正確，致將錯誤之事項當成意思表示之內容，而爲意思表示。此即爲意思表示之內容錯誤。分言之：

##### (1)法律行為性質之錯誤

即對原欲爲之法律行爲之性質認識不正確，以致錯以他項法律行爲，而爲意思表示。例如原欲爲通常保證，惟因對通常保證認識不正確，而錯以連帶債務而爲意思表示；原欲爲附買回特約之買賣，但因對附買回特約之買賣，認識不正確，而錯以租賃而爲意思表示等是。法律行爲性質之錯誤，當然爲「意思表示之內容有錯誤」。

##### (2)當事人同一性之錯誤

即對相對人之外在資料或內在條件，認識不正確，以致將錯誤之他人，當成效果意思之對象，而與之爲法律行爲。例如原欲贈某物與甲，惟因對甲認識不正確，以致誤贈於乙；原欲赴青扶連鎖店購物，但因對青扶連鎖店認識不正確，以致誤入統一連鎖店購物等是。當事人同一性之錯誤，在交易上認爲重要者，例如贈與、委

任、僱傭、借貸等法律行為，重視相對人之特性，如同一性有誤，固屬「法律行為之內容有錯誤」。但若在交易上不認為重要者，例如上舉第二例買錯家之情形，則應解為不影響法律行為之效力，始足維護日常之交易。

(3)標的同一性之錯誤

即對標的（包括物及權利）之外在資料或內在條件，認識不正確，以致將錯誤之他物或權利，當成法律行為之標的，而為法律行為。例如原欲購買CD錄音機，惟因對CD錄音機，認識不正確，而錯買普通錄音機；原欲購買影片之放映權，但因對放映權認識不正確，而錯買其著作權等是。標的同一性之錯誤，為「意思表示之內容有錯誤」，不待言。

(4)履行事項之錯誤

即對法律行為履行有關之事項，認識不正確，以致錯以其他事項，而為意思表示。例如對於原構想之履行期、履行方法、履行地，認識不正確，致誤以其他日期、其他方法、其他地方為內容，而為意思表示是。履行事項之錯誤，在交易上認為重要者，例如對訂結婚喜宴日期之錯誤（履行期之重要）、對旅行社所供旅遊交通工具（車、船、飛機）之錯誤（履行方法之重要）、對演出地點之錯誤（履行地之重要）等，是為「意思表示之內容有錯誤」，固無疑問。但若在交易上不認為重要者，例如誤以為立刻交貨，實際為三個小時內送達；誤以為搭華航班機，實際為搭長榮班機；誤以為在甲歌廳演出，實際為在同性質之乙歌廳演出等，則亦應解為不影響意思表示之效力，以維日常之交易。

(5)其他事項之錯誤

即對於上開以外之其他事項，認識不正確，以致錯以其他事項，而為意思表示。例如對於原構想之契約方式、管轄法院、準據法、仲裁事項、及其他事項等，認識不正確，致錯以其他方式、法院、法律、事項等為內容，而為意思表示是。其他事項之錯誤，是否影響意思表示之效力，亦應解釋為，視其在交易上是否認為重要

而定。在交易上認為重要者，例如欲以甲國際公約為準據法，因對甲公約認識不正確，致錯以乙國際公約而為意思表示，自為「意思表示之內容有錯誤」。若在交易上不認為重要者，例如欲以律師見證方式簽約，因對律師見證認識不正確，致錯以「經公證」而為意思表示，應認為不影響意思表示之效力。

### 2.意思表示之行為錯誤

簡稱「表示錯誤」。即意思表示之行為所顯現之意義，在客觀上與表意人之效果意思不一致，而表意人對此一事實，全然欠缺認識之謂。民法第88條第1項所定：「表意人若知其事情，即不為意思表示者。」即為此種錯誤。例如欲寫1萬元，惟因筆誤，而書為1千元；欲曰出賣，惟因語誤，而言贈與等，其錯誤發生在意思表示之行為上，但表意人於為表示時全然不知，設若為表意人所知，即不會為如此之表示是。

### 3.擬制的意思表示之內容錯誤

簡稱「擬制的內容錯誤」。即原非屬意思表示之內容錯誤，但因其事項在交易上認為重要，民法特規定，將其錯誤「視為」意思表示之內容錯誤，使生相同效果也。依民法第88條第2項規定：「當事人之資格，或物之性質，若交易上認為重要者，其錯誤視為意思表示內容之錯誤。」擬制的內容錯誤，分為二類：

#### (1)當事人之資格之錯誤

當事人之資格云者，法律行為相對人所具有之內在條件也。例如種族、年齡、性別、學歷、經歷、職業、專長、資力等是。所謂當事人之資格之錯誤，指相對人之同一性並無錯誤，但表意人對該相對人所具有之內在條件（資格）有所誤認之謂。

#### (2)物之性質之錯誤

物之性質云者，法律行為之標的物所具有之內在條件也。例如功能、馬力、所用燃料種類（例如電力、柴油、汽油、核子）、燃料消耗量、使用期限、操作方法、成色（例如純金或K金）、真假

（例如真品或贗品）、套裝之數量、產地、年代、品質（例如上等、中等、下等）等是。此外，在非現貨或非樣品買賣（例如郵購）之情形，標的物之尺寸、形狀、色澤等，亦屬之。此所謂「物」，應擴張解釋為「標的」，包括物及權利。權利之性質，例如存續期限、負擔之有無及種類、共有、實施上之限制、實施之地域等是。所謂標的（包括物及權利）之性質之錯誤，指標的之同一性並無錯誤，但表意人對該標的所具有之內在條件（性質），有所誤認之謂。

　　按吾人通常係因相對人具有某項資格，而欲與之成立法律行為；或因物或權利具有某項性質，而欲以之為法律行為之標的。可知具有某項「資格」或「性質」，原均只是促成表意人為意思表示之緣由而已，其錯誤，屬動機事項之錯誤，而因動機並非意思表示之成立要件，故動機事項之錯誤，並不影響法律行為之效力。但當事人之資格或標的之性質，若交易上認為重要者，其錯誤之結果，必與表意人之期望違背，或履行困難。例如以為仿古製品為古董而高價購買、以為語帶鄉音者為同鄉而贈與金錢、以為理科博士（Ph. D.）為哲學家而聘之為哲學課程之講座等情形是。故民法特將其錯誤，提升視為意思表示之內容錯誤。是為例外。目的在減除不合理之法律效果，藉以保護表意人也。

## （三）錯誤之效力

　　錯誤之意思表示，其效力如何？立法例不一，有規定為當然無效者，如日本民法是。有規定為得撤銷者，如德國民法是。我國民法採德國立法例。茲將錯誤之效力述之如後：

### 1.表意人得撤銷之

　　「意思表示之內容有錯誤，或表意人若知其事情，即不為意思表示者，表意人得將其意思表示撤銷之。但以其錯誤或不知事情，非由於表意人自己之過失者為限。」（民88 I）可知對於錯誤之意思表示，表意人有撤銷之權，茲分撤銷之客體及行使之限制說明

之：

(1)撤銷之客體

爲錯誤之意思表示。但因其係負擔行爲之錯誤意思表示，抑爲處分行爲之錯誤意思表示，而異其撤銷之效果：

①負擔行爲之錯誤意思表示之撤銷，例如甲欲以壹拾萬元出售某油畫，誤書爲壹萬元，乙覆函訂購，迨甲送達油畫，並收受乙之付款支票後，始發現誤書之情事。此時，僅買賣契約之價金，發生「表意人若知其事情，即不爲意思表示」之錯誤，油畫之送交於乙，並無錯誤。故甲僅能撤銷買賣契約（負擔行爲之錯誤意思表示之撤銷），不得撤銷油畫之交付行爲（處分行爲），從而甲乙雙方僅能依不當得利（民179）之規定，請求返還其各自所爲之給付，不能主張所有物返還請求權（民767）。設乙已將油畫轉賣並交付於丙，係屬有權處分，丙取得其所有權，甲只能向乙請求償還價額（民181、182）。

②處分行爲之錯誤意思表示之撤銷，例如甲出售錄影機予乙，誤取碟影機交付。此時，買賣契約並無錯誤，而是交付之標的物發生「表意人若知其事情，即不爲意思表示」之錯誤。故甲只能撤銷移轉碟影機所有權之意思表示（處分行爲之錯誤意思表示之撤銷），不得撤銷買賣契約（負擔行爲），從而碟影機之交付以移轉所有權，自始無效，乙自始未取得其所有權，甲得主張所有物返還請求權（民767），請求乙返還其無權占有之碟影機。設乙已將碟影機轉賣於丙，係屬無權處分，應適用無權處分及善意受讓（民118、801、948）之規定，以丙不知甲之交付碟影機錯誤爲限（善意），始取得碟影機之所有權[15]。

---

[15] 王澤鑑，民法總則，415頁。

(2)撤銷權行使之限制

撤銷錯誤之意思表示，須受下列之限制：

## 甲、須表意人無過失

表意人對於意思表示之錯誤有過失者，不得撤銷之。所謂過失，即欠缺注意之謂也。因欠缺注意之程度不同，過失可分三種：(1)**重大過失**，即以一般人之注意程度為標準，欠缺一般人之注意者為重大過失。(2)**具體輕過失**，即以處理自己事務之注意程度為標準，欠缺與處理自己事務為同一之注意者為具體輕過失。(3)**抽象輕過失**，即以善良管理人之注意程度為標準，欠缺善良管理人之注意者為抽象輕過失。負抽象輕過失責任者，注意程度高，責任重；負具體輕過失責任者次之，負重大過失責任者，注意程度最低，責任亦最輕。我國民法第88條第1項但書所稱「表意人自己之過失」究係指何種過失？學者見解不一。有解為重大過失[16]，有解為具體輕過失[17]，有解為抽象輕過失[18]，亦有謂：「此所謂過失，既無其他限制，則無論其為重大過失抑輕微過失，均足以阻卻意思表示之撤銷。遂使意思表示幾無因錯誤而撤銷之餘地[19]。」本書認為，以解為具體輕過失為宜。蓋錯誤之發生，大抵皆由於表意人之過失所致者，如解為抽象輕過失，則表意人幾無行使撤銷權之機會；若解為重大過失，則表意人行使撤銷權之機會過多，均非持平之道。故意思表示之錯誤，倘係由於表意人欠缺與處理自己事務同一注意所致者，則不得撤銷。台灣高等法院暨所屬法院84年法律座談會提案，

---

[16] 王伯琦，民法總則，162頁。

[17] 鄭玉波，民法總則，255頁；黃右昌，民法總則詮解，388頁；何孝元，民法概要，145頁。

[18] 李宜琛，民法總則，288頁；史尚寬，民法總論，369頁；施啟揚，民法總則，253～254頁；王澤鑑，民法實例研習（二）民法總則，321頁；民法總則，410頁；另洪遜欣，中國民法總則，387頁謂：「茲所謂過失，係抽象的輕過失之謂，即指欠缺通常人應有之注意而言。」不知其意義為何。

[19] 李模，民法總則之理論與實用，16頁，其說總結果與抽象輕過失之說一致。

民事類第1號，研討結果，即採此說[20]。

## 乙、須未逾越除斥期間

表意人之撤銷權「自意思表示後經過一年而消滅」（民90）。此項期間為撤銷權之存續期間，是為除斥期間（除斥期間之詳細，俟於消滅時效章中述之）。

### 2.表意人之賠償責任

表意人以錯誤為理由「撤銷意思表示時，表意人對於信其意思表示為有效而受損害之相對人或第三人，應負賠償責任。但其撤銷之原因，受害人明知或可得而知者，不在此限」（民91）。分言其要件如次：

#### (1)受害人須善意而無過失

依但書規定，其撤銷之原因，受害人明知或可得而知者，表意人不負賠償責任。可知受害人對於表意人之意思表示係屬錯誤之事實，須非明知，亦即須不知（善意）；若有可得而知之情事，則尚須非因過失而不知（無過失），始得請求賠償。

#### (2)相對人或第三人均得請求賠償

所謂相對人，指錯誤意思表示之相對人。所謂第三人，凡相對人以外之人均屬之；在無相對人之意思表示，例如社團總會之決議，凡因信社團總會之決議為有效而受損害之人，均屬第三人；至在有相對人之意思表示，例如買賣，其因信買或賣之意思表示為有效而受損害之仲介人，自亦屬之。但學者有謂：「何人有損害賠償請求權？在要相對人之意思表示，為意思表示之相對人而非第三人，故在向第三人為給付之契約（民539）（**按：應是民269之誤**），有損害賠償請求權者，為契約相對人而非第三人。於不要相對人之意思表示，例如懸賞廣告，則凡受損害之第三人，皆有賠償

---

[20]　司法院公報第28卷第3期，94頁。

請求權[21]。」

(3)賠償範圍以信其意思表示為有效而受之損害為限

所謂「信其意思表示為有效而受之損害」，其意義如何，學者之解釋不盡相同。主要者如：

①史尚寬先生謂：信其為有效所受之損害，非基於該行為有效時，有請求權人所有之利益，即為履行之利益（Efuellunginteresse），乃信其為有效所受之損害，即消極的利益或信任之損害（Negative order Vertrauensinteresse），例如契約之訂立費用、履行準備之費用，在買賣例如運費，因拒絕其他有利之要約，因現漲價而應增支之費用。已為轉賣，因撤銷不能履行而生之違約金或因追奪擔保而為給付，買受人知其原買賣契約之撤銷，應不為轉賣者，亦應賠償。在買受人方面之撤銷，出賣人得請求其因拒絕其他有利之要約所喪失之利益、訂約費用（公證費、印花等）。依德民法之規定，消極利益之請求，不得大於履行之利益，我民法雖無此規定，解釋上應相同，蓋以民法第91條損害賠償範圍之規定，原為減輕表意人之賠償責任也。[22]

②王伯琦先生謂：損害為利益之損失，而所謂利益，有積極與消極之別。積極利益，又稱為履行利益，是為因法律行為有效而可獲得之利益；此種積極利益之損害，稱之為消極之損害。消極利益，又稱為信任利益，是為因法律行為無效而受之不利益。此種消極利益之損害，稱之為積極之損害。錯誤意思表示表意人之損害賠償範圍，應以消極利益（即積極之損害）為限。如甲向乙購買馬一匹，價金1千元，轉賣與丙價1,200元。倘乙撤銷其意思表示，此200元積極之利益，不得請求賠償。倘甲因信其行為為有效，向人借貸1千元應付之利

---

[21] 史尚寬，民法總論，371頁。

[22] 史尚寬，民法總論，371～372頁。

息，準備交馬而僱用馬伕等，此種損害得請求賠償。惟此種損害賠償之數額，應不得超過積極利益。如上舉例，最多不得超過200元。蓋以縱使乙不撤銷其意思表示，甲最多祇能獲得200元，今其損害超過200元，則其損害係由於自己之過失無疑。如其令乙賠償，是無異將甲原應遭受之損失，轉嫁於乙，而因乙之撤銷，甲反將獲得不當之利益矣。[23]

③鄭玉波先生謂：至於所謂「損害」乃「利益」之反對語，即不利益之謂。利益原有積極的利益，與消極的利益之別，前者亦稱履行利益，其反面即為消極的損害，消極的損害者，即由於損害原因事實之發生，致妨害現存財產增加之謂；後者亦稱信任利益，其反面則為積極的損害，積極的損害者，即由於損害原因事實之發生，致現存財產減少之謂。表意人對於相對人或第三人之賠償，以信任利益，亦即積極的損害為限，因本條已明定「信其意思表示為有效而受之損害」，此即指積極的損害而言，故消極的損害（履行利益）則不必賠償也。例如甲以設定典權之意思，誤簽名於賣契，價1萬元，乙信而受之，隨又轉賣於丙，價1萬2千元，此多賣之2千元，即為履行利益，嗣後甲以錯誤為由，撤銷其意思表示，而使該賣契無效，在乙即損失2千元，此即消極的損害，不得請求賠償；若乙為購該地而借款付息時，其所付之利息，即為積極的損害，甲應賠償之。[24]

④施啓揚先生謂：賠償範圍限於「信任損害」（Vertrauensschaden一般稱為「信任利益」容易引起誤解），也即信其意思表示為有效所受的損害——又稱為「消極利益」（negative Interessen）。例如相信出售製冰設備為有效而準備安裝所支出的費用，或為支付價金而向銀行貸款所支出的利

---

[23]　王伯琦，民法總則，163頁。

[24]　鄭玉波，民法總則，256～257頁。

息3千元是。至於「履行利益」（Erfullugsinteressen）也即因
意思表示為有效所能獲得之利益──又稱為「積極利益」
（positive Interessen）──則不得請求。例如購得製冰設備後
將之轉賣所得的利益3萬元，則不能請求。[25]

⑤王澤鑑先生謂：關於法律行為上之損害賠償，可分為二種，
一為履行利益之損害賠償（積極利益之損害賠償），即因法
律行為不履行而受損失之賠償。一為信賴損害之賠償（消極
利益之損害賠償），即當事人確信法律行為有效，而因某種
事實之發生，歸於無效而蒙受損失之賠償。無論信賴損害之
賠償或履行利益之賠償，均包括所受損害及所失利益在內
（民法216）。須注意的是，信賴損害與履行損害，係損害賠
償之二種不同的觀察方法與計算方式，信賴損害之賠償數額
高於履行利益者，亦常有之，於此情形信賴損害之賠償數額
是否以不超過履行利益為限，不無疑問，現行民法對此未設
明文，通說肯定之。[26]

⑥李模先生謂：此所謂「信賴利益」，即指相對人或第三人因
誤信其意思表示可以生效所受之損害。亦可以包括民法第216
條第1、2兩項所稱「所受損害」及「所失利益」。例如進行
訂約或準備履行之費用，及因放棄其他訂約機會所失之利
益，但不能包括一切以契約履行為基礎而計算之履行利益之損
失，例如標的物轉賣利益是。[27]

　　本書以為，「消極利益」、「積極利益」之名詞，雖有外邦學
者使用，但對法律概念之理解，並無助益，徒增負擔；又「積極損
害」、「消極損害」之說，雖有見地，惟其「積極損害」，是否包
括我國民法第216條所稱之「所失利益」，並未說明，易被誤為與該

---

[25]　施啟揚，民法總則，255頁。
[26]　王澤鑑，民法實例研習（二）民法總則，323頁；民法總則，413頁。
[27]　李模，民法總則之理論與實用，170頁。

條所稱「所受損害」及「所失利益」相當；另「信賴損害」（或信任損害）與「信賴利益」（或信任利益），意義應非相同，不宜相混使用。實則，我國民法第91條所規定者，僅係因法律行為而生之損害（另有因事實行為而生之損害）中的「信其意思表示為有效而受之損害」，可簡稱為「信賴之損害」，依民法第216條規定，當然包括「所受損害」及「所失利益」在內。至於因法律行為而生之損害中，因法律行為之履行可得利益之未獲得之部分，可簡稱為「履行利益之損失」，不在民法第91條規定之範圍甚明。履行利益之損失，屬於「所失利益」之性質，不復有「所受損害」與「所失利益」之分。其次，我國民法第91條雖未如德國民法第122條設有但書「以不超過相對人或第三人因意思表示為有效時可取得利益之數額為限。」惟依其就表意人之賠償責任為限縮規定之法理，似宜做相同之解釋，亦即信賴之損害賠償數額，應以不超過履行利益之損失數額為限。茲圖示如下並舉例說明之：

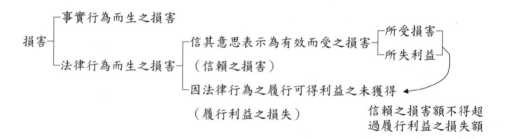

甲因錯誤將房屋低價賣予乙，乙信而受之，即辭退另宗購屋交易，並向友人借款、僱工粉刷，且以高出20萬元之價格轉賣予丙。甲撤銷其意思表示，乙對甲之錯誤既不知且非因過失而不知，則乙所支出之訂約費用（設為1萬元）、利息（設為2萬元）、粉刷費（設為4萬元），及轉賣予丙時之訂約費用（設為2萬元）等，即係信賴之損害中的所受損害；設乙辭退之另宗購屋交易，原可賺15萬元，此即係信賴之損害中的所失利益，均可請求甲賠償。至於轉賣予丙可得之差價利潤20萬元，則係履行利益之損失，不得請求賠

償。但乙得受賠償之數額，應以20萬元為限。另設甲委託有仲介人丁，因信甲賣屋之意思表示為有效，且對甲之錯誤既不知且非因過失而不知，則其所支出之廣告費（設為6萬元），即係信賴之損害中的所受損害，其所拒絕之特定仲介案可得之收入（設為20萬元），即係信賴之損害中的所失利益，均可請求甲賠償。至於本案之仲介佣金（設為25萬元），則為履行利益之損失，不得請求賠償。但丁得受賠償數額，應以25萬元為限。

## 二、誤　傳

誤傳之意義及效力，說明如次：

### （一）誤傳之意義

誤傳者，意思表示之內容，由傳達人或傳達機關傳達錯誤之謂也。誤傳原可依其情形分為兩種：一為「形式的誤傳」，即誤傳已成立之意思表示。例如甲以信函二件，派人分送，一致乙，贈予金錢，一致丙，貸與金錢，結果因送信人之誤，而以丙之函交乙，以乙之函交丙是。一為「實質的誤傳」，即依傳達為表示行為而錯誤。例如甲以電報通知某乙，託購某物。結果因電碼錯誤，竟託賣某物是。惟我國民法所謂誤傳，單指實質的誤傳而言。

### （二）誤傳之效力

意思表示，因傳達人或傳達機關傳達不實者，得由表意人撤銷之（民89）。但誤傳若係由於表意人之過失所致者，則不得撤銷（民89比照88 I 但書）。又表意人撤銷權之除斥期間亦為自意思表示後，經過一年而消滅（民90）；表意人因撤銷誤傳之意思表示，對於信其意思表示為有效而受損害之相對人或第三人，亦應負賠償責任。但其撤銷之原因，受害人明知或可得而知者，不在此限（民91）。凡此均與錯誤之效力同。

# 第三項　意思表示不自由

意思表示不自由者，表意人於他人不當干涉下所爲之意思表示也。所謂不當干涉，乃指「詐欺」及「脅迫」二者而言。因受他人詐欺或脅迫而爲意思表示，其意思之形成顯非出於表意人自由意志之決定，故屬不健全意思表示之一種。茲分述詐欺及脅迫如次。

## 壹、詐　欺

### 一、詐欺之意義

詐欺者，詐欺人故意表示虛僞之事實，使表意人陷於錯誤，並因之而爲意思表示之行爲也。

### 二、詐欺之要件

有四：

#### （一）須詐欺人有詐欺之故意

所謂詐欺之故意，即詐欺人須有：1.使表意人限於錯誤之意思，及2.使表意人因錯誤而爲一定意思表示之意思。二種意思缺一不可。

#### （二）須詐欺人有詐欺之行為

所謂詐欺之行爲，即表示虛僞事實之行爲也。其態樣有三：1.虛構事實；2.變更事實；3.隱匿事實。沈默能否爲詐欺行爲？說者不一。通說以爲僅於法律上、契約上、或交易習慣上有告知義務之事項而不告知時，始足成立詐欺。

#### （三）須表意人因詐欺而陷於錯誤

即詐欺與錯誤須具有因果關係。故詐欺人雖有詐欺之故意及行爲，但表意人並未因而陷於錯誤；或雖有錯誤，但非因詐欺所致，則均不足以成立詐欺。惟如表意人已有錯誤，而詐欺人竟又加強其錯誤之程度，或防止其發見錯誤，亦足以成立詐欺。

### （四）須表意人因錯誤而為意思表示

即錯誤與意思表示須具有因果關係。故表意人之意思表示，若非由於錯誤而生；或雖已陷於錯誤，但並未因之而為意思表示，則均無詐欺之成立。

## 三、詐欺之效力

所謂詐欺之效力，指表意人被詐欺而為之意思表示之效力而言。可分三方面言之：

### （一）當事人間之效力

因被詐欺而為意思表示，表意人得撤銷其意思表示。但詐欺係由第三人所為者，以相對人明知其事實或可得而知者為限，始得撤銷之（民92 I）。析言之：1.詐欺人如為當事人之一方時，表意人有絕對之撤銷權。2.詐欺人如為當事人以外之第三人時，則又因該意思表示有無相對人而有區別，如為有相對人者，則以相對人明知其事實（即惡意），或可得而知其事實（即有過失）者為限，始得撤銷之，否則不得撤銷。反之如為無相對人者，則表意人亦有絕對之撤銷權。

### （二）對於第三人之效力

「被詐欺而為之意思表示，其撤銷不得以之對抗善意第三人。」（民92 II）所謂第三人，指相對人直接交易之相對人而言。所謂其撤銷不得以之對抗善意第三人，亦即撤銷之效力，僅及於表意人、詐欺人（即相對人）、知情或因過失而不知情之相對人（指詐欺係由第三人所為之情形）、及惡意第三人，而對於不知詐欺情事之第三人，則不得主張撤銷之效力。例如甲受乙詐欺而將其房屋低價售予乙，乙旋即轉賣予丙，設丙不知甲受乙詐欺之情事，則嗣後雖經甲向乙行使撤銷權，甲乙間之買賣及所有權之移轉均歸於無效，但甲不得向丙主張丙與乙間之所有權移轉，係無權處分（丙與乙間買賣之債權行為有效），因其不承認而無效（民118 I），亦即

善意之丙可取得房屋之所有權，而甲只得向乙請求損害賠償是。

　　須注意者，乃於詐欺係由第三人所為之情形，相對人若不知情且無過失，則表意人根本不得對之為撤銷，無撤銷效力之發生，不得謂其為撤銷效力所不及之人，應明之。又第三人若再為交易，則應承前述撤銷對於第三人之效力，視該第三人有無取得其權利，以定其效力，即使其交易對象為原詐欺人，亦同。如前舉之例，設丙又將該房屋出售予丁，則丁仍取得該房屋之所有權，縱丁為原詐欺人乙其人，亦無不同，蓋丙已為該房屋之權利人，且物權之效力高於甲對乙之賠償債權之效力也。惟設若丙為惡意，則丙並未取得該房屋之所有權，其將該房屋出售予丁，若已移轉登記，即為無權處分。至於丁以後之交易，則均視讓與人有無取得權利，以推論其效力，不再一一敘述。要之，不可將被詐欺之表意人所為意思表示之相對人直接交易之相對人，其後之每一相對人，解為均屬民法第92條第2項所定之第三人，蓋其已因前手是否取得權利之法律關係介入，而與原詐欺之效力隔離也。

### （三）撤銷權之除斥期間

　　表意人之撤銷權，應於發見詐欺後一年內行使之，但自意思表示後，經過十年不得撤銷（民93）。亦即自發見詐欺之時起一年為表意人行使撤銷權之除斥期間，惟如自意思表示後，經過十年仍未發見詐欺，縱令其後再發見亦不得行使撤銷權。茲有疑問者，乃表意人於意思表示滿九年後，始發見詐欺，則其一年究應算至滿十年為止？抑仍應算足一年？二種解釋方法，均有其理由。本書以為，若本諸十年之立法目的，在使法律關係及早確定之觀點，依民法第93條之用語嚴格言之，應認以算至滿十年為止，較為正確。

## 貳、脅　迫

### 一、脅迫之意義

　　脅迫者，脅迫人不法使表意人發生恐怖而為意思表示之謂也。

脅迫與詐欺同爲表意人受不當干涉下所爲之意思表示。其與詐欺異者，詐欺係因陷於錯誤而爲意思表示；脅迫則係因發生恐怖而爲意思表示。

## 二、脅迫之要件

有五：

### （一）須脅迫人有脅迫之故意

所謂脅迫之故意，即脅迫人須有：1.使表意人發生恐怖之意思，及2.使表意人因恐怖而爲意思表示之意思。二種意思缺一不可。

### （二）須脅迫人有脅迫之行為

所謂脅迫之行爲，即對表意人預告危害之行爲。至受危害之主體、客體、危害之種類及程度，則無限制，要之以其危害足使表意人發生恐怖爲已足。

### （三）須其脅迫係屬不法

所謂不法，有手段不法與目的不法，二者任有其一，即足構成脅迫。目的不法手段亦爲不法者，例如甲語乙曰：「贖金百萬，否則殺汝」之類是。目的合法手段不法者，例如甲語乙曰：「三日內還債，否則殺汝」之類是。手段合法，目的不法者，例如甲語乙曰：「汝如不與我千金，則告發汝之犯罪」之類是。

### （四）須表意人因脅迫而生恐怖

即脅迫與恐怖之間須具有因果關係。故如脅迫人雖有脅迫行爲，惟表意人並未因之發生恐怖；或表意人雖生恐怖，惟其恐怖並非因脅迫人之脅迫而生，均不足構成脅迫。所謂恐怖，應依被脅迫人之主觀狀態決之。故是否達於恐怖程度，應斟酌表意人之特性及其當時之精神狀態，具體認定之，並無固定之標準。

### （五）須表意人因恐怖而為意思表示

即恐怖與意思表示之間須具有因果關係。故表意人雖因脅迫而

生恐怖，但並未因之而為意思表示，或雖有意思表示，但非因恐怖而生，則均不足成立脅迫。於此須注意者，脅迫人所要求之意思表示，不必與表意人現實所為之意思表示完全一致。例如甲脅迫乙為某種不法行為，乙因愛惜名譽，與甲約定給付現款10萬元以資代替，仍為有因果關係是。

### 三、脅迫之效力

「因……被脅迫而為意思表示者，表意人得撤銷之」（民92 I前段）。此與詐欺之效力同。其與詐欺之效力異者有二，即：（一）詐欺係由第三人所為者，以相對人明知其事實或可得而知者為限，始得撤銷；脅迫則無此限制。（二）詐欺之撤銷，不得以之對抗善意第三人；脅迫之撤銷，則得以之對抗善意第三人。所以如此者，因受詐欺者，尚有自主判斷之自由；而受脅迫者，則連此自主判斷之自由亦無，受干涉程度較深，保護自應較周也。

脅迫之撤銷，應於脅迫終止後一年內為之。但自意思表示後經過十年，不得撤銷（民93）。此與詐欺之情形相同。

## 第四項 意思表示之生效

意思表示之生效云者，意思表示開始發生拘束力之謂也。意思表示必先成立後，始能生效。其成立之時點與生效之時點，固常相同，惟非必相同，茲將其情形分述如次：

### 壹、無相對人之意思表示

無相對人之意思表示何時生效？我國民法未設明文。通說認為應於其成立之同時生效。惟法律如有特別規定不於其成立之同時生效者，則依法律之規定。例如遺囑雖於生前製作（成立）惟依民法第1199條規定，須自遺囑人死亡時始發生效力是。

## 貳、有相對人之意思表示

　　有相對人之意思表示，又分爲對話人間之意思表示與非對話人間之意思表示二種。對話與非對話係以當事人得否直接交換意思爲區別之標準，亦即以時間之經過狀態定之，而非以空間之距離爲準。茲分述之：

## 一、對話人間之意思表示

　　「對話人爲意思表示者，其意思表示，以相對人了解時，發生效力」（民94）。所謂「了解」，即相對人已明瞭其意義之謂。相對人是否已了解，應依一般情形定之。依一般情形已可能了解，即屬了解。相對人故意掩耳不聽，無妨於意思表示之生效，但確有客觀之障礙，以致不能了解時，則應以實際了解爲準。例如對盲者以文字爲表示，或對不諳中文者以國語爲表示是。

## 二、非對話人間之意思表示

　　「非對話而爲意思表示者，其意思表示以通知達到相對人時，發生效力。」（民95Ⅰ前段）「向無行爲能力人或限制行爲能力人爲意思表示者，以其通知達到其法定代理人時，發生效力。」（民96）所謂「達到」，即意思表示已進入相對人可能支配之範圍，置於相對人隨時可了解其內容之客觀狀態而言。

　　意思表示一經達到，即發生效力，表意人不得撤回。如欲撤回，則須撤回之通知較之原爲之意思表示同時或先時到達相對人始可（民95Ⅰ但書）。又因達到爲意思表示之生效要件，而非成立要件，故「表意人於發出通知後死亡或喪失行爲能力，或其行爲能力受限制者，其意思表示不因之失其效力。」（民95Ⅱ）

　　須注意者，在有相對人之意思表示，若表意人不知相對人之姓名、住居所，而無法爲對話及非對話之意思表示，則應如何使其意思表示生效？依民法第97條規定：「表意人非因自己之過失，不知相對人之姓名、居所者，得依民事訴訟法公示送達之規定，以公示

送達爲意思表示之通知。」所謂表意人非因自己之過失,不知相對人之姓名、居所,例如債務人死亡,繼承人有無不明;或雖知繼承人之姓名,但其住居所不明;或雖知繼承人之姓名、住居所,但送達不到;或債務人逃匿,住居所送達不到等情形是。所謂不知,只須表意人不知,而自己無過失已足,縱他人知之,亦屬無妨。表意人若因自己之過失而不知,法院應敘明其過失,以裁定駁回其公示送達之聲請。法文稱居所,乃所在之意,應解爲包括住居所在內。所稱民事訴訟法公示送達之規定,指民事訴訟法第149條至第153條之規定。管轄法院爲何?法無明文。參酌非訟事件法第2條之旨趣,應解爲:不知相對人之姓名、住居所時,由表意人住所所在地之地方法院管轄,表意人在國內無住所或住所不明者,以其居所視爲住所;知相對人之姓名、住居所,而送達不到時,由相對人最後住所所在地之地方法院管轄。所謂以公示送達爲意思表示之通知,乃以公示送達爲非對話意思表示之通知方法。其通知,自將公示送達之公告或通知書黏貼牌示處之日起,其登載公報或新聞紙者,自最後登載之日起,經二十日發生效力,對外國爲送達者,經六十日發生效力(民訴152前段)。最後,本條雖僅就意思表示之公示送達爲規定,但事實通知、感情表示、意思通知等準法律行爲之通知,亦可準用之,乃爲當然。例如支付租金之催告,屬於意思通知之性質,判例認爲得準用民法第97條規定,以公示送達爲通知是[28]。

## 第五項　意思表示之解釋

### 壹、意思表示解釋之意義

意思表示之解釋,即闡明意思表示之涵義之謂也。意思表示,每因表意人所用表示工具之表面涵義不足,或使用上之誤差,致真意不明,於此情形下,即有賴乎解釋,始足補充當事人表示之不足,或更正其誤差,進而確定其法律效果。

---

[28]　41台上490。

## 貳、意思表示解釋之方法

　　「解釋意思表示，應探求當事人之真意，不得拘泥於所用之辭句。」（民98）是為我國民法所定解釋意思表示之方法。所謂「探求當事人之真意」，即探求當事人所表示於外部之正確的效果意思之謂。至於當事人內部之意思如何，並非探求之對象。蓋表意人內部之意思，苟與所表示者不符時，是為意思表示不一致之問題，應依意思表示不一致之有關規定解決，非意思表示之解釋問題也。因效果意思即目的意思，亦可謂係當事人法律行為之目的，故探求當事人之真意，實乃「依當事人法律行為之目的，以正當解釋其意思表示之不足或誤差」之謂。其情形，例如租地建屋之契約，未訂定租期，若生爭執，應解為非承租至所建房屋不堪使用時為止，不能達其建屋使用之目的[29]；租地建屋之契約，僅約定「基地」不得轉租，若就「地上房屋」得否轉租，發生爭執，應解為地上房屋亦不得轉租，否則與原約定目的將不合[30]是；又債務人就其所有之不動產向債權人設定擔保物權時，雖其設定之書面稱為質權，但依其內容觀之，與民法第860條所定之抵押權相同，應解為係抵押權之設定[31]；又當事人之契約，雖以「賣契」為名，但就其內容及當地習慣，應解為係典權之設定契約，不能拘泥於所用賣契之辭句，便解為係保留買回權之買賣契約[32]是。足供判斷當事人法律行為目的之標準，主要為該法律行為之本質及內容，他如各地或各行業之習慣、見證人之證詞及其他當時及過去交易之情形、所用辭句等，亦屬之。至於公共利益、公序良俗、權利濫用、誠實信用、法律規定、法理、經驗法則等，則是判斷真意之正當性之標準。所謂「不得拘泥於所用之辭句」，乃不能完全以當事人所用辭句之表面意義為標準。亦即當事人對所用辭句之涵義主張不一，而其意旨確屬不明時，不得

---

[29]　參照30渝上311。
[30]　參照50台上1158判決、56台上1000判決。
[31]　28上598。
[32]　28院1897。

硬以其辭句之表面意義，解爲當事人之真意，而應依該法律行爲之目的，探求當事人之真意後，更正其誤差。可知「不得拘泥於所用之辭句」，不過爲探求當事人真意後之必然結果。嚴格言之，尚非意思表示解釋之方法。在實務上，於探求當事人之真意後，更正當事人所用辭句之誤差者，不乏其例。除上舉名爲「質權」實爲「抵押權之設定」、名爲「賣契」實爲「典權之設定」之情形外，例如名爲「工作承攬契約」實爲「耕地租賃契約」[33]、名爲「延滯利息穀」實爲「違約金」[34]、名爲「土地買賣預約書」實爲「本約」[35]等是。又時下市售各種契約書範本中，於非關於保證人責任之條款中，經常使用「放棄先訴抗辯權」等語，應解爲係「放棄抗辯權」之意，亦其著例。

須附言者，探求當事人意思表示真意之結果，既須補充其不足或更正其誤差，則法院於敘述當事人意思表示之真意爲如何之同時，自應將其「如何斟酌調查證據之結果，形成自由心證之理由載明於判決，否則即有判決不備理由之違法。」[36]得爲上訴第三審之理由（民訴469⑥、467）。

## 第三節　條件與期限

法律行爲成立後，如具備有效要件，固於其生效之時期生效，惟當事人對該法律行爲之生效時期非不得加以控制。反之法律行爲效力之消滅時期除依法律之規定外，亦得依當事人之意思予以控制。依我國民法之規定，得控制法律行爲效力之發生或消滅者有二：一爲「條件」，一爲「期限」。分述如次。

---

[33] 39台上1053。
[34] 43台上576。
[35] 64台上1567判決。
[36] 85台上2585判決。

# 第一項　條　件

## 壹、條件之意義

條件者，使主意思表示效力之發生或消滅，決於將來、客觀不確定事實之成否之附從意思表示也。析言之：

### 一、條件為附從之意思表示

亦即為附屬於主意思表示之意思表示，其本身並非獨立之意思表示。

### 二、條件之內容為將來客觀不確定之事實

條件須以事實為內容。堪為條件之事實其種類雖無限制，惟性質上須係將來、客觀不確定者，始足相當。故過去之事實、已確定之事實、主觀不確定之事實，均不得為條件。

### 三、條件之目的在決定主意思表示效力之發生或消滅

即主意思表示已成立，條件所決定者僅其效力之發生或消滅也。決定主意思表示效力之發生者。例如：「明天如下雨，則贈汝傘一支」，此「明天下雨」之事實（條件），即決定傘之贈與（主意思表示）效力之發生者也。決定主意思表示效力之消滅者，例如：「贈汝金筆一支，但期末考如有一科不及格，則應還我」，此「期末考有一科不及格」之事實（條件），即決定金筆贈與（主意思表示）效力之消滅者也。

## 貳、條件之種類

## 一、停止條件與解除條件

停止條件者，決定主意思表示效力發生之條件也。亦曰生效條件。例如：「汝若高考及格，則贈汝錄音機一台」，贈與契約雖已

成立，惟須至高考及格始能生效，此「高考及格」即為停止條件
也。又所謂「停止」，乃主意思表示成立後，條件成就前，停止發
生效力之意。

解除條件者，決定主意思表示效力消滅之條件也。亦曰失效條
件。例如前舉：「贈汝金筆一支，但期末考如有一科不及格，則應
還我」，此「期末考如有一科不及格」即為解除條件也。又所謂
「解除」即效力消滅之意。

## 二、積極條件與消極條件

積極條件者，以事實之發生為條件成就之條件也。例如：「汝
本年內出國，則贈汝川資」，此「出國」即積極條件是。消極條件
者，以事實之不發生為條件成就之條件也。例如：「汝本年內不出
嫁則贈汝生活費」，此「不出嫁」即消極條件是。

## 三、隨意條件偶成條件與混合條件

隨意條件者，完全依當事人一方之意思，以決定條件成就與否
之條件也。又分為非純粹隨意條件與純粹隨意條件。前者，謂以當
事人一方之意思發動一定之積極事實為內容之條件，例如：「余如
赴美，則贈君千金」，「汝若遷居台北，則贈君此書」是，此種條
件，對一般人言，仍具有「客觀的不確定性」，自然有效；後者，
謂單純以當事人一方之意思為內容之條件，此種條件，是否有效，
應視其態樣而定。申言之：若其內容係繫於債權人一方之意思者，
則等於無條件，不論為停止條件抑為解除條件，其法律行為均屬有
效，例如：「汝若喜歡，即贈此物」（停止條件），「此物贈汝，
如嫌棄則還我」（解除條件）；若其內容係繫於債務人一方之意思
者，則如為解除條件，亦不妨其有效，例如：「此錶贈汝，我要則
還我」。但如為停止條件，則為毫無拘束力之意思表示，應解為其
法律行為不生效力。例如：「我願意則贈汝千金」是。（日本民法
第134條明定：「附停止條件之法律行為，如其條件僅繫於債務人之

意思者，無效。」）

　　偶成條件者，完全依偶然之事實（包括自然界之事實及第三人之意思）以決定條件成就與否之條件也。例如：「明日如下雨，則贈汝傘一支」（自然界之事實），「家父如許可，則贈汝此書」（第三人之意思）是。混合條件者，由當事人之意思與偶然之事實結合以決定條件成就與否之條件也。例如：「汝若與丙結婚，則贈汝手錶乙只」，此條件成就與否，須由當事人（受贈人）之意思，結合偶然之事實（丙是否願與受贈人結婚）以決定之是。偶成條件及混合條件，均為有效。

## 四、不能條件與不法條件

　　不能條件者，以物理上或社會觀念上客觀不能實現之事實為內容之條件也。例如：「太陽自西出，則贈汝萬元」是，此條件如為停止條件，因該事實永無實現之可能，故法律行為無效；如為解除條件，因該法律行為之效力永不消滅，故與未附條件同。（日本民法第133條明定：「附不能停止條件之法律行為，無效。附不能解除條件之法律行為，為無條件。」）

　　不法條件者，以違法或違背公序良俗之事項為內容之條件也。可分三種情形：（一）以不法之事項為內容者，例如：「汝殺乙死，則贈汝萬元」是。（二）以違背公序良俗之事項為內容者，例如：「汝若終身不結婚，則贈汝萬元」是。（三）以不為不法行為為內容者，例如：「汝不殺人，則贈汝萬元」是，因不為不法乃吾人當然之法律上義務，以之為條件，則有若反不法為常，故亦不見容於公序良俗，而同為不法條件。以不法條件為條件之法律行為，均屬無效。（日本民法第132條明定：「附不法條件之法律行為無效，以不為不法行為為條件者，亦同。」）

## 參、條件之成就與不成就

### 一、條件之成就

條件成就者，條件之內容已實現之謂也。條件之成就，可分二種情形，一為自然的成就，一般所稱者屬之。一為擬制的成就，即民法第101條第1項規定：「因條件成就而受不利益之當事人，如以不正當行為阻其條件之成就者，視為條件已成就」之情形是。條件之擬制的成就，例如：甲語乙曰，汝若於30秒內跑完運動場一周，則贈汝金錶乙支，茲甲於乙起跑後，故以圖釘灑滿跑道，致乙無法於30秒內跑完，仍視為乙已於30秒內跑完而得請求甲給付金錶乙支是。

### 二、條件之不成就

條件之不成就者，條件之內容已確定不實現之謂也。條件之不成就，亦可分二種情形，一為自然的不成就，一般所稱者屬之。一為擬制的不成就，即民法第101條第2項規定：「因條件成就而受利益之當事人，如以不正當行為，促其條件之成就者，視為條件不成就」之情形是。條件擬制的不成就，例如：甲語乙曰，汝若高考及格，則贈汝萬元，茲乙作弊考上高考，仍視為未高考及格同，而不得請求甲給付萬元是。

## 肆、條件之效力

### 一、條件成就前之效力

條件成否未定之前，就權利人言，雖未取得權利，但已有取得權利之希望，吾人可認其已取得一種「附條件之權利」，學理上稱之為「期待權」。期待權為法律所承認之權利，自應加以保護。故民法第100條規定：「附條件之法律行為當事人，於條件成否未定前，若有損害相對人因條件成就所應得利益之行為者，負賠償損害之責任」。例如：甲與乙約定，乙如能考上司法官，則贈乙某屋一

棟，而於乙考試未放榜之前，甲將該屋破壞，則乙於司法官考試及格後，得請求甲爲損害賠償是。

## 二、條件成就時之效力

「附停止條件之法律行爲，於條件成就時，發生效力。」（民99Ⅰ）「附解除條件之法律行爲，於條件成就時，失其效力。」（民99Ⅱ）。須注意者，條件成就之效力，應自條件「成就時」發生，無溯及既往亦無延後之效力，惟此乃原則，我國民法第99條第3項：「依當事人之特約，使條件成就之效果，不於條件成就之時發生者，依其特約。」之規定，是爲例外。所謂不於條件成就之時發生者，例如特約溯及於法律行爲成立之時發生，或於條件成就後若干期間發生是。

## 三、條件不成就之效力

我國民法無明文規定。依第99條第1項第2項規定之反面解釋，應認爲：停止條件不成就時，則該法律行爲即確定的不生效力；解除條件不成就時，則該法律行爲即確定的不失其效力。

## 伍、不許附條件之法律行為

基於私法自治之原則，法律行爲原則上均得附條件，但下列三種情形下不許附條件：

## 一、法律明訂不許者

例如民法第335條第2項規定，抵銷之意思表示附有條件者，無效；票據法第36條後段規定，背書附記條件者，其條件視爲無記載等是。

## 二、有背公序良俗者

例如結婚附以條件（今日結婚但以新郎今年考上律師爲生效條件，或以新郎今年律師考試不及格爲失效條件），應認爲與公序良

俗有違而無效。他如收養、終止收養、離婚[37]、婚生子女之否認、非婚生子女之認領、立遺囑、繼承之承認或拋棄等身分行為，亦應作相同解釋。

## 三、與該行為之性質不合者

性質上有形成效力之法律行為（例如抵銷、選擇之債之選擇、債務之免除），以及有溯及效力之法律行為（例如撤銷、解除、承認）者，原則上應不許附條件。但於其性質無害之情形下，不妨其例外之存在，例如債務之免除（民343），不得附解除條件，但應解為得附停止條件[38]；解除契約（民258），不得附解除條件，但應解為得附停止條件是。

不許附條件而附加者，其法律行為之效力如何？應先依法律規定決之，法律無規定時，則應視法律行為之性質是否可分，參酌民法第111條規定定之。

# 第二項　期　限

## 壹、期限之意義

期限者，使主意思表示效力之發生或消滅，決於將來確定事實之到來之附從意思表示也。析言之：

## 一、期限為附從之意思表示

此點與條件同。

---

[37] 24院1357：「查民法親屬編，關於夫妻協議離婚，並無不適用附條件法律行為之規定，如果其離婚條件，確載明某乙須賠償財禮一百元與某甲收領始能離異字樣，自應於其條件成就後，發生離婚效力。否則，協議離婚契約成立一事，約定賠償損失費給付遲延，又為一事，並不相牽涉。」法理上甚為不妥。洪遜欣，中國民法總則，424頁。

[38] 洪遜欣，中國民法總則，423頁。

## 二、期限之內容為將來確定到來之事實

期限亦係以事實為內容，且其事實種類亦無限制，凡此均與條件同。與條件異者，堪為期限內容之事實，須係「將來確定到來之事實」始足相當。例如「明日如下雨，則贈汝千金」是為條件，而「天降雨時，贈汝千金」則為期限。須注意者，期限非必以時間表示，凡性質上為確定到來之事實，均得當之，此不可誤解。

## 三、期限之目的在決定主意思表示效力之發生或消滅

此點亦與條件同。決定主意思表示效力之發生者，例如：「明年元旦，贈汝萬元」，此「明年元旦」之事實，即決定萬元之贈與（主意思表示）效力之發生者也。決定主意思表示效力之消滅者，例如：「房屋租你，雙十節還我」，此「雙十節」之事實，即決定房屋租賃（主意思表示）效力之消滅者也。

## 貳、期限之種類

### 一、始期與終期

始期者，使主意思表示效力發生之期限也。如前舉例：「明年元旦，贈汝萬元」是。終期者，使主意思表示效力消滅之期限也。如前舉例：「房屋租你，雙十節還我」是。

### 二、確定期限與不確定期限

確定期限者，事實之到來及到來之時均已確定之期限也，例如「民國72年2月2日……」是。不確定期限者，事實之到來已確定而到來之時不確定之期限也，例如：「汝妻死亡之日……」是。

### 三、不能期限

不能期限者，以確定不能發生之事實或極遠將來之事實為內容之期限也，例如：「於已死亡之某甲復活時……」，或「一萬年之後……」是。以不能期限為始期者，法律行為無效；以不能期限為

終期者，法律行爲之效力永不消滅，與無期限同。

## 參、期限之到來

期限之到來者，爲期限內容之事實已發生之謂也。我國民法稱始期之到來爲「屆至」，稱終期之到來爲「屆滿」（民102Ⅰ、Ⅱ）。

## 肆、期限之效力

### 一、期限到來前之效力

因期限之到來可得利益之當事人，於期限到來前，有將來可取得利益之「期待權」，此與附條件法律行爲同。爲保護當事人之期待權，我國民法第102條第3項規定，於第1、2項之情形準用第100條之規定，亦即附期限之法律行爲當事人，於期限到來前，若有損害相對人因期限到來所應得利益之行爲者，負賠償損害之責任。

### 二、期限到來之效力

「附始期之法律行爲，於期限屆至時，發生效力」（民102Ⅰ）。「附終期之法律行爲，於期限屆滿時，失其效力」（民102Ⅱ）。

## 伍、不許附期限之法律行為

法律行爲原則上均得附期限，不得附條件者，大抵亦不許附期限。惟二者之範圍並非完全一致。例如票據行爲雖不得附條件，但可附期限是。不許附期之情形，分述如次：

### 一、法律明訂不許者

例如民法第335條第2項規定，抵銷之意思表示附有條件或期限者，無效是。

## 二、有背公序良俗者

例如結婚附以始期（今日結婚但約定至三個月後始生效力）終期（約定結婚至某年某月某日失其效力），應認為與公序良俗有違而無效。他如收養、婚生子女之否認、非婚生子女之認領、立遺囑等身分行為，亦應作相同解釋。

## 三、與該行為之性質不合者

性質上有形成效力之法律行為（例如抵銷、選擇之債之選擇、債務之免除），以及有溯及效力之法律行為（例如撤銷、解除、承認）者，原則上應不許附期限。但於其性質無害之情形下，不妨其例外之存在，例如債務之免除（民343），不得附終期，但應解為得附始期[39]；解除契約（民258），不得附終期，但應解為得附始期等是。

不許附期限而附加者，其法律行為之效力如何？亦應先依法律規定決之，法律無規定時，則應視法律行為之性質是否可分，參酌民法第111條規定定之。與不許附條件而附加之情形同。

# 第四節　代　理

近代社會，交易頻繁，人類如仍須事事躬親，實感力有未逮。若有假手他人，而所生法律效果又與自己所為者相同之可能，必能加速促進人類社會之進步。代理制度即在此種要求下應運而生。茲將代理制度分述如后。

---

39　洪遜欣，中國民法總則，438頁。

# 第一項　總　說

## 壹、代理之意義

代理者，代理人於代理權限內，以本人（被代理人）名義所爲或所受之意思表示，直接對本人發生效力之行爲也。分言之如下：

### 一、須本於代理權為之

代理行爲須由代理人本於代理權爲之，亦即須於代理權之範圍內爲之始可。否則，即爲無權代理，對於本人不生效力。

### 二、須以本人名義為之

代理行爲須由代理人以本人名義爲之，亦即須表明依其行爲取得權利負擔義務者爲本人（被代理人）始可。否則，如以代理人自己之名義爲之，雖係爲本人之利益，亦非代理。

### 三、須關於意思表示

代理行爲以代爲意思表示或代受意思表示爲限。易言之，僅法律行爲始有代理之可言（準法律行爲中之事實通知，及意思通知得類推適用法律行爲之代理）。事實行爲（如占有）、侵權行爲及感情表示（如民法416及1053之宥恕）等行爲均不得代理。又法律行爲之得代理者，亦僅限於財產上之行爲，若身分上之行爲，因以本人自己決定意思爲必要，故不得代理。

### 四、直接對本人生效

即代理人所爲之代理行爲，其法律效果自始歸屬於本人，與本人自爲者無異。此乃代理制度之最大目的。

## 貳、類似代理之概念

### 一、代　表

代表者，以代表人之職務上行爲視爲被代表人之行爲之制度也。代表與代理不同之點有二：代理爲代理人之行爲，其效果直接歸屬於本人；代表則爲代表人之行爲，視爲本人之行爲。例如董事爲法人之代表（民37Ⅱ），董事對法人之事務所爲之行爲，視爲法人之所爲是。此其一。代理以代爲法律行爲爲限；代表則就法律行爲以外之事實行爲亦可爲之。此其二。

### 二、使　者

使者，傳達他人已決定之意思表示之機關也。使者與代理人不同之點亦有二：使者係傳達機關，僅負責將他人已決定之意思，表示於相對人；代理人則爲意思機關，須自爲決定意思並進而表示於相對人。此其一。使者無須有意思能力，意思表示有無瑕疵，須就本人決之；代理人須有意思能力，意思表示有無瑕疵，則應就代理人決之。此其二。

## 參、代理之分類

### 一、法定代理與意定代理

法定代理者，基於法律之規定而取得代理權之代理也。例如民法第1086條規定：「父母爲其未成年子女之法定代理人。」之情形是。意定代理者，基於本人之授權而取得代理權之代理也。一般之代理屬之。

### 二、有權代理與無權代理

有權代理者，有代理權之代理也。代理以「本於代理權」爲要件，故法律上若稱「代理」，雖未標明有權、無權，均係指有權代理而言。無權代理者，無代理權之代理也，亦即未經本人授與代理

權，而以本人名義所爲之代理也。無權代理因不具備代理之要件，故非屬代理。

## 三、積極代理與消極代理

積極代理者，代本人爲意思表示之代理也。例如代爲要約是。消極代理者，代本人受意思表示之代理也。例如代爲接受承諾是。

## 四、一般代理與特別代理

一般代理者，代理權範圍無特定限制之代理也。亦稱「概括代理」。例如老闆出國期間授權某一職員有代爲公司營業上一切行爲之權之情形是。特別代理者，代理權之範圍有特定限制之代理也。亦稱「部分代理」。例如前例老闆僅授權該職員代爲出賣某批貨物之情形是。

## 五、直接代理與間接代理

直接代理者，以本人名義所爲或所受之意思表示，直接對本人發生效力之代理也。一般之代理屬之。間接代理者，代理人以自己名義，爲本人計算，而爲意思表示或受意思表示，使其效果先對自己發生後，再移轉於本人之代理也。例如甲授權予乙，請乙代購房屋一棟，乙以自己名義向丙購屋並繳完價款後，再移轉予甲，並向甲請求價款之情形是。間接代理不具備代理之要件，並非代理。我國民法所稱之代理，以直接代理爲限。

## 六、集合代理與共同代理

集合代理者，代理權授與數人，各代理人均得單獨有效行使代理權之代理也。亦即數代理人，分有數代理權，一代理人行使代理權即爲有效，而不必共同行使之代理也。亦稱「各自代理」。共同代理者，代理權授與數人，各代理人須共同行使代理權始爲有效之代理也。亦即數代理人，共有一代理權，一代理人行使代理權不能有效，而須共同行使之代理也。

## 七、複代理

　　複代理者，代理人為處理其代理權限內事務之全部或一部，而以自己名義為本人選任他人代理之代理也。我國民法對此未設規定。依代理權之授與係以本人對於代理人之信任為基礎之法理，法定代理人得為本人選任複代理人。意定代理人則不得為本人選任複代理人。意定代理人所選任之複代理人，其所為之代理行為，除經本人同意或有其他習慣，或有不得已之事由者外，對本人不生效力。

## 八、雙方代理

　　雙方代理者，代本人與自己為法律行為（此情形，稱為「自己契約」，亦有稱之為「自己代理」者）；或既為第三人之代理人，而代本人與第三人為法律行為之代理也。前者例如甲授權乙賣屋，乙自己買受之情形是。後者例如甲授權乙賣屋，丙又授權乙買屋，乙則將甲之屋賣予丙之情形是。雙方代理，當事人雙方之行為，事實上均為代理人一人所為，由於利害衝突，難免代理人偏頗而不公，故原則上法律禁止之。但如經本人之許諾或其法律行為係專履行債務者，已無偏頗之考慮，故例外認許雙方代理（民106）。惟此所謂履行債務，乃指單純之清償行為而言。如履行債務而須重新創造利害關係，因已涉及利害之權衡，非無偏頗之虞，故解釋上應不許雙方代理。

## 九、表見代理

　　表見代理者，代理人無代理權，但因本人之行為有可信代理人有代理權之正當理由，而由法律視為有代理權，令本人對於第三人負授權人責任之代理也。詳如後述。

# 第二項　有權代理

## 壹、代理權之意義

代理權者，得有效爲代理行爲之資格也。代理權雖亦名爲「權」，但與一般權利之性質顯不相同。一般權利均以利益之取得爲其內容，但代理人因法律規定或本人之授權而取得代理權後，並不能基於代理權而向本人主張任何權利，同時亦不負任何義務，而僅產生一種得有效爲代理行爲之地位或資格。至代理人與本人間基於代理權所由授與之法律關係而生之權利義務，係另一問題。故通說認爲代理權係類似行爲能力之一種法律上地位，既非權利，亦非義務。

## 貳、代理權之發生

### 一、法定代理權之發生

法定代理權，因滿足法律規定之要件而發生。依其情形可有三種態樣：

#### （一）基於法律之規定者

例如民法第1086條：「父母爲其未成年子女之法定代理人。」第1003條第1項：「夫妻於日常家務，互爲代理人。」第1098條：「監護人爲受監護人之法定代理人。」等規定是。

#### （二）基於法院之處分者

例如法院選任法人清算人（民38），指定遺囑執行人（民1211）等情形是。

#### （三）基於私人行爲而生者

例如親屬會議選定遺產管理人（民1177）之情形是。

## 二、意定代理權之發生

意定代理權，由於本人之授權行為而生。茲將授權行為之有關問題列述如次：

### （一）授權行為之本質

授權行為之本質如何？有二說：

#### 1.契約說

認為授權行為須由本人之授權意思表示與代理人承諾之意思表示結合始能成立，亦即認為授權行為係一種契約。又分為委任契約說與無名契約說兩說。

#### 2.單獨行為說

認為授權行為僅須本人之授權意思表示，即可成立，無待於代理人之承諾，亦即認為授權行為係一種單獨行為。我國民法採之。依民法第167條：「代理權係以法律行為授與者，其授與應向代理人或向代理人對之為代理行為之第三人，以意思表示為之。」之規定，可知代理權之授與既無須一定之方式[40]，亦無須得代理人同意。至如代理人不同意，則僅係代理行為不發生，並非代理人無代理權，此不可誤解。又授權行為係有相對人之單獨行為。向代理人為之者稱為「內部授權」；向代理人對之為法律行為之第三人為之者，稱為「外部授權」。

須說明者，授權行為為不要式行為，僅係原則。我國民法就某些法律行為，有特別規定其授權行為，須以文字或書面或一定方式為之者，則為例外。例如公司法第177條第1項規定：「股東得於每次股東會，出具公司印發之委託書，載明授權範圍，委託代理人，出席股東會。」土地法第37條之1第1項規定：「土地登記之申請，得出具委託書，委託代理人為之。」民事訴訟法第69條規定：「訴訟代理人，應於最初為訴訟行為時，提出委任書。但由當事人以言

---

[40]　86台上1736。

詞委任，經法院書記官記明筆錄或經法院、審判長依法選任者，不在此限。」[41]又如民法第531條規定：「為委任事務之處理，須為法律行為，而該法律行為，依法應以文字為之者，其處理權之授與，亦應以文字為之。其授與代理權者，代理權之授與亦同。」[42]第554條第2項規定：「經理人除有書面之授權外，對於不動產，不得買賣，或設定負擔。」第558條第3項規定：「代辦商，除有書面之授權外，不得負擔票據上之義務，或為消費借貸，或為訴訟[43]。」等是。

### （二）授權行為與基本法律關係

本人之所以授與代理人代理權，通常係因本人與代理人間存在有另一種法律關係，例如委任、僱傭、承攬、合夥等法律關係。由於此等法律關係，始有授權行為之發生。例如甲與乙訂立出售土地之委任契約，並授與代理權是。吾人稱此等法律關係，為授權行為之基本法律關係。但須注意者，並非必有基本法律關係，始有授權行為。授權行為未伴有基本法律關係者有之。例如甲囑乙代訂酒

---

[41] 李模，民法總則之理論與實用，224頁。

[42] 民法第531條前段所定「其處理權之授與」，是否包括代理權之授與在內，學者間意見不一，有認為處理權即指代理權而言（錢國成，民法判解研究，55頁；戴修瓚，民法債編各論下冊，111頁）；有認為處理權與代理權乃屬個別之概念，在委任契約必須授與處理權，但不一定授與代理權（鄭玉波，民法債編各論下冊，426頁）；有認為該項處理權，在委任並授與代理權時，乃兼指內部處理權及對外代理權而言，但在僅委任處理事務，而未授與代理權時，則僅指內部處理權而言（史尚寬，債法各論，364頁）；有認為委任事務之處理，須為法律行為時，其處理權之授與，必然包含代理權之授與在內，其代理權之授與自亦以文字為之（洪遜欣，中國民法總則，457頁註三；拙著，民法總則，修訂七版，226頁）。實務上，最高法院44年台上字第1290號判例認此之處理權與民法第167條所稱之代理權並不相同。為免解釋上發生歧見，民國88年民法債編修正時，爰增列後段「其授與代理權者，代理權之授與亦同。」明認處理權與代理權不同，以及為委任事務之處理，須為法律行為，而該法律行為依法應以文字為之者，其處理權及代理權之授與，均應以文字為之。嗣該44年台上字第1290號判例，亦經最高法院於90年5月8日公告不再援用。

[43] 施啟揚，民法總則，295頁。

席，係屬社交行爲，雖無委任或僱傭等基本法律關係，乙仍取得代理權。又雖有基本法律關係存在，但未授與代理權者，亦屬平常。例如甲僱用新進店員乙，實習期間僅讓其觀摩，而未授與得與顧客訂立契約之權限。因此，授權行爲係獨立之法律制度，應與基本法律關係相區別，學者稱之爲代理權之獨立性或獨自性[44]。

茲有一問題，授權行爲既係獨立之法律制度，則在伴有基本法律關係之情形，其授權行爲，是否與基本法律關係分離而無牽連關係，不因基本法律關係之不成立、無效、被撤銷而受影響？關於此，有二說：

### 1.分離說

又稱無因說。此說認爲授權行爲應與其基本法律關係分離。故其基本法律關係縱不成立、無效或被撤銷，授權行爲並不受影響。

### 2.牽連說

又稱有因說。此說認爲授權行爲不能與其基本法律關係分離。故其基本法律關係如不成立、無效或被撤銷，則授權行爲亦因之而消滅。

以上二說，德國判例及學者通說，認爲其民法第168條前段（相當於我國民法第108條第1項）規定，僅適用於基本法律關係嗣後因委任事務處理完畢或僱傭關係消滅或合夥解散等原因而消滅之情形（代理權隨之消滅），故不影響於授權行爲之獨立性，代理權之授與仍不因其基本法律關係之不成立、無效或被撤銷而受影響，亦即採分離說（無因說）[45]。

我國由於民法第108條第1項規定：「代理權之消滅，依其所由授與之法律關係定之。」且其立法理由謂：「查民律草案第225條理

---

[44] 王澤鑑，民法實例研習（二）民法總則，359～360頁；民法總則，496～497頁。

[45] 參照王澤鑑，民法實例研習（二）民法總則，361頁；施啟揚，民法總則，297頁。

由謂：授與代理權之法律行爲，其爲要因行爲抑爲不要因行爲，學者頗滋聚訟，本法於當事人無特別之意思表示者，作爲要因行爲。如代理權授與原因之法律關係存續，代理權亦因而存續，授與原因之法律關係消滅，代理權亦因而消滅，此第一項所由設也……。」故學者多數採牽連說（有因說）[46]。惟此乃原則，基於契約自由之原則，當事人自得於代理權所由授與之法律關係（即基本法律關係）中，約定其代理權具無因性[47]，另法律有時有代理權無因性之規定（例如民550但書、564），此時「依其所由授與之法律關係定之」的結果，代理權並不因其基本法律關係之消滅而隨同消滅，當不再有因矣![48]是爲例外。

　　惟我國學者亦有認爲應採無因說者[49]，主要理由謂：如認授權行爲乃有因行爲，則如某甲委任某乙出售土地並授與代理權，嗣後因某種情形而解除或撤銷其委任契約，即可不問曾否撤回其代理權，均使代理權隨同消滅。設或某乙曾本於該項代理權而出售土地，其出售行爲亦將成爲無權代理。又設某乙爲限制行爲能力人，一旦其委任契約爲法定代理人拒絕承認，其代理權亦即消滅，勢必直接影響於其代理行爲之效力，而與代理人爲法律行爲之相對人，尤必須於查悉代理權之存在以外，更審究代理人與本人之內部關係，是否有效產生，抑曾否嗣後消滅。此則不惟爲事實所難能，抑且爲情理

---

[46] 史尚寬，民法總論，478頁；王伯琦，民法總則，189頁；洪遜欣，中國民法總則，458頁；胡長清，中國民法總論，348頁；鄭玉波，民法總則，303頁。

[47] 王澤鑑，民法實例研究（二）民法總則，361～362頁謂：「依吾人所信，對此問題之處理，應解釋當事人之意思，以決定基本法律關係與代理權之授與是否可以分離，如甲書局僱用十九歲法律系學生負責出售法律教科書，並授與代理權者，得解爲縱僱傭契約未經法定代理人允許而不生效力，其授權行爲仍屬有效。當事人意思不明時，則宜從我國通說，認爲代理權授與，應與其基本法律關係同其命運，一則較能顧全當事人之利益，二則亦可貫徹民法第108條之規範意旨。」意旨同。

[48] 史尚寬，民法總論，478頁；洪遜欣，中國民法總則，458頁。

[49] 梅仲協，民法要義，104頁；李模，民法總則之理論與實用，221～222頁。

所不許。必令若是，代理制度亦必作用全失，顯非立法之本意[50]。另有謂：代理權的授與係單獨行為，具有相當的獨立性與無因性，無基本法律關係而先為授權仍為有效，似不宜解為「有因說」。代理權通常因基本法律關係而授與，原則上於基本法律關係存續時始有存續的必要，依第108條規定的精神以觀，二者間的關係類似於「主從關係」，而非必為「有因關係」[51]。有謂：「本書認為除當事人另有意思表示外，原則上應肯定代理權授與行為的無因性，其理由有三：1.肯定無因性，並不違反授權人的意思或利益，因其本得獨立授與代理權也。此亦無害於代理人，蓋其並不因代理行為而負有義務也。依有因說，倘僱傭或委任等基本法律關係無效、不生效力或被撤銷，而代理權應同歸消滅時，則代理人自始欠缺代理權，應負無權代理人之賠償責任（民110），對未成年人實屬不利。2.肯定無因性可使第三人（相對人）不必顧慮代理人的內部基本法律關係，有助於促進交易安全。3.民法第108條第1項規定：「代理權之消滅，依其所由授與之法律關係定之。」固在表示代理權之授與應受其基本法律關係之影響，但亦僅限於基本法律關係消滅之情形。例如甲僱用乙，並授與代理權，則期間屆滿，代理權應隨之消滅，實為事理之當然，故法律特設此項規定。」[52]

## 參、代理權之範圍

代理人得代理本人為法律行為之限度如何？因法定代理與意定代理而不同：

## 一、法定代理權之範圍

應依法律之規定以定其範圍。

---

[50]　李模，民法總則之理論與實用，221～222頁。
[51]　施啟揚，民法總則，297頁註2。
[52]　王澤鑑，民法總則，499頁。

## 二、意定代理權之範圍

應依授權之意思表示以定其範圍。如授權表示不明確又不能依民法第98條探得真意時，為保護本人之利益，應解為代理人僅能代理本人為「管理行為」，不得為處分行為。所謂管理行為，即下列行為：

### （一）保存行為

即維持物或權利現狀，或使其價格不致減少之行為。例如房屋之修繕、消滅時效之中斷、對於到期債務之清償、易於腐敗物品之拍賣等行為是。

### （二）利用行為

即就物或權利為使用而收益之行為。例如出租房屋而收取租金、將金錢存入銀行而收取利息等行為是。

### （三）改良行為

即增加物或權利價值之行為。例如將貧瘠土壤施用肥料以增加農作物收益、將設定負擔之權利除去負擔等行為是。

## 肆、代理權之限制

代理權之限制云者，本人或法律對於代理人應有權限之特別限制也，亦即本人或法律對於代理權範圍之限制。法定代理權之限制，悉依法律之規定，例如民法第1101條規定監護人處分受監護人之不動產，應得親屬會議之允許是。至於意定代理權之限制，則分本人所加之限制及法律規定之限制，可得言者有三項：

## 一、本人所加之限制

本人對於代理權之限制，不得以之對抗善意第三人。但第三人因過失而不知其事實者，不在此限（民107）。蓋限制代理權，係本人與代理人內部之事，第三人不易知悉，為保護不知情之第三人，故不許本人向不知情之第三人主張其限制之利益。但第三人之不知

若係有過失時，例如本人有爲通知而該第三人因過失而未知悉通知內容是，則自無予以保護之必要。

## 二、雙方代理之限制

「代理人，非經本人之許諾，不得爲本人與自己之法律行爲，亦不得既爲第三人之代理人，而爲本人與第三人之法律行爲。但其法律行爲，係專履行債務者，不在此限。」（民106）已見前述。

## 三、共同代理之限制

「代理人有數人者，其代理行爲應共同爲之。但法律另有規定或本人另有意思表示者，不在此限。」（民168）所謂法律另有規定，例如民法第556條：「商號得授權於數經理人。但經理人中有二人之簽名者，對於商號，即生效力。」之規定是。所謂本人另有意思表示，例如本人於授權時曾聲明毋庸全體代理人共同爲代理行爲，即可有效是。

## 伍、代理權之消滅

代理權之消滅者，代理關係終了之謂也。茲將代理權消滅之原因及其效果分述之。

## 一、代理權消滅之原因

代理權消滅之原因，有法定代理與意定代理所共通者，有法定代理或意定代理所特有者，分述如次：

### （一）共通之消滅原因

有三：

#### 1.本人死亡

指自然人自然死亡、死亡宣告及法人之清算終結。本人死亡，則權利義務之主體消滅，本人既無從再爲法律行爲，自亦無代理人代爲法律行爲之餘地。故無論法定代理或意定代理，其代理權原則

上均因之而消滅。但在意定代理，如法律另有規定而不使其消滅者，則爲例外。例如民法第564條：「經理權或代辦權不因商號所有人之死亡、破產或喪失行爲能力而消滅。」之規定是。

2.代理人死亡

代理人死亡時，因代理權僅係一種地位或資格，而非財產上之權利，不得由其繼承人繼承，故代理權即隨之而消滅。

3.代理人受監護宣告

受監護宣告之人無行爲能力，且其或心神喪失或精神耗弱，意思能力顯有欠缺，不具代理人能力（詳如後述），因之代理人一受監護之宣告，無論爲法定代理（參照民1096）抑爲意定代理，其代理權均因之而消滅。

### （二）法定代理權之特別消滅原因

民法未設一般規定，應就各種法定代理依法律規定以爲決定。例如未成年人已成年（民12）、受監護宣告之撤銷（民14Ⅱ）、父母之喪失親權（民1090）、監護人之撤退（民1106）、遺產管理人之職務終了（民1184）、破產管理人之撤換（破產85）等均是。

### （三）意定代理權之特別消滅原因

有三：

1.當然消滅

例如爲特定行爲而授與之代理權，當該行爲完成時，其代理權即當然消滅。又如代理權定有存續期間者，其期間之屆滿，授權行爲附有解除條件，而其條件成就時，其代理權均當然歸於消滅是。

2.基本法律關係之消滅

「代理權之消滅，依其所由授與之法律關係定之」（民108Ⅰ），例如因委任關係而生之代理權，因委任關係之消滅而消滅是。關於此，吾人於授權行爲之基本法律關係一項中已有說明。

### 3.代理權之撤回

「代理權得於其所由授與之法律關係存續中撤回之。但依該法律關係之性質不得撤回者，不在此限」（民108 II）。所謂依該法律關係之性質不得撤回者，例如因承攬關係而授與之代理權，依承攬之性質，係以完成一定事務為目的，故在承攬關係存續中，即不得撤回是。至於未伴有基本法律關係之代理權，其撤回則不受此限制。又代理權之撤回，不得以之對抗善意第三人。但第三人因過失而不知其事實者，不在此限（民107）。

## 二、代理權消滅之效果

代理權消滅後，即無代理權，而不得再有效代理本人為任何法律行為，如再為代理行為，即屬無權代理，應適用無權代理之規定。又本人若曾授與代理人授權書者，依我國民法第109條規定：「代理權消滅或撤回時，代理人須將授權書，交還於授權者，不得留置」。

# 陸、代理人之能力

## 一、權利能力

在代理制度下，代理人非權利義務之主體，故不必有權利能力。但本人則須有之。無權利能力之代理人，例如外國人在我國雖無取得土地所有權之權利能力，但仍得代理我國人民為取得土地之行為是。

## 二、行為能力

依民法第104條規定：「代理人所為或所受意思表示之效力，不因其為限制行為能力人而受影響。」可知代理人不以具有完全行為能力為必要。換言之，即限制行為能力人亦得為代理人。蓋本人既願以限制行為能力人為代理人、或事實有勝任之可能，或本人受損亦所自願，即無特別保護之必要。於此須注意者有二：

### （一）無行為能力人不得為代理人

蓋依上開條文之文義觀之，所謂不因之而受影響者，僅以限制行為能力人為限，無行為能力人不與焉。惟有認為本人既願以無行為能力人為代理人，自應與限制行為能力人之情形同，法律無予限制之必要。本書以為依文義解釋之論較妥，故不認為無行為能力人亦得為代理人。

### （二）本條之適用僅以意定代理為限

蓋依民法之特別規定，無行為能力人及限制行為能力人均不得為法定代理人。例如依民法1096條規定，未成年人、受監護或輔助宣告人、破產人，不得為監護人。可知無行為能力人及限制行為能力人（民13、15）不能為法定代理人是。

## 三、意思能力

代理人之任務在代理本人為意思表示或受意思表示，故以具有意思能力為必要。無意思能力人，如受監護宣告人，則不得為代理人。基於此，民法乃有第105條之規定：「代理人之意思表示，因其意思欠缺、被詐欺、被脅迫或明知其事情，或可得而知其事情，致其效力受影響時，其事實之有無，應就代理人決之。但代理人之代理權係以法律行為授與者，其意思表示，如依照本人所指示之意思而為時，其事實之有無，應就本人決之。」所謂意思欠缺，指心中保留（民86）、虛偽表示（民87）、錯誤（民88）及誤傳（民89）等之意思表示不一致之情形。所謂明知其事情或可得而知其事情，例如民法第91條但書及第92條第1項但書規定之情形是。所謂代理權係以法律行為授與者，即指意定代理之意。蓋代理行為之意思表示係出諸於代理人，其有無瑕疵，自應就代理人之情形定之。至在意定代理人之意思表示係依照本人所指示之意思而為者之情形下，因其意思並非出自於代理人，而係出自於本人，故其意思有無瑕疵，自應就本人之情形定之。

# 第三項　無權代理

　　所謂無權代理，指無代理權之代理而言。亦即具備代理之其他要件，而僅欠缺代理權之代理也。可分爲表見代理與狹義無權代理二種。關於無權代理，我國民法係規定於債編，非民法總則之範圍，惟爲理解上之方便，先述之如下：

## 壹、表見代理

　　表見代理者，即代理人雖無代理權，但因本人之行爲在外觀上有足使他人相信代理人有代理權之正當理由，而由法律視爲有代理權，責令本人負授權人責任之一種代理也。其情形有二（民169）：

### 一、由自己之行爲表示以代理權授與他人者

　　例如甲公司刊登廣告聲明其已聘乙爲經理人，惟事實上並無聘定，丙相信廣告爲真實而與乙簽訂關於甲公司業務之契約；或甲以印鑑及支票簿交乙保管使用而乙私自簽發支票使用等情形是。

### 二、知他人表示為其代理人而不為反對之表示者

　　例如甲自稱係某乙之代理人，乙明知而不爲反對之表示之情形是。

　　表見代理成立後，表面上之本人，對於第三人應負授權人之責任。但第三人明知其無代理權或可得而知者，不在此限（民169但書）。所謂應負授權人之責任，即與有權代理情形下之本人同負其責任，因此係指履行責任而言，並非損害賠償責任，故本人有無過失，在所不問[53]。因表見代理仍屬無權代理，相對人（即表見代理之第三人）亦得依民法第170條及171條主張催告權或撤回權，而不主張表見代理之效力，故第三人不主張依表見代理之效力，由本人負授權人責任時，法院不得逕自依職權爲本人應負授權人責任之認

---

[53]　44台上1424。

定[54]。

　　須說明者，乃學者有將代理權之限制或撤回後之無權代理行爲，列入表見代理之範圍者[55]，主要理由係謂：表見代理人制度，係爲調節本人之利益與交易之安全，代理權之限制或撤回，不得對抗善意無過失之第三人，與民法第169條但書相同，其欲調節本人之利益與交易之安全者，甚爲顯然，故應成立表見代理[56]。但持不同意見者，則曰：代理權經限制或撤回者，本人原曾授與代理權，且其行爲乃爲限制或撤回其代理權，既非由自己之行爲表示以代理權授與他人，更非知他人表示爲其代理人而不爲反對之表示，顯與表見代理不同，未可混爲一談[57]。實則，不同之法律制度，可能有相同之規範目的，若以規範目的相同，即謂法律制度相同，似有可議。表見代理係以本人未曾授與代理權爲前提，且第三人雖非明知代理人無代理權，但亦不明知其有代理權；而代理權之限制或撤回，則以本人曾授與代理權爲前提，且第三人明知代理人係有代理權，只是不知其限制或撤回之事情而已。是二者之成立要件全然不同，民法亦分別而爲規定，合併論列，實無必要。

　　此外，學者又有認爲代理權因授權關係之終了或存續期間屆滿而消滅後之無權代理行爲，屬廣義之代理權限制或撤回[58]，或應類推適用代理權之限制或撤回（民107）之情形，而併列入表見代理之範圍者[59]。果如此，除有前述相同之不當理由外，則一旦曾爲代理權授與之人，對於善意之第三人，將永遠須負授權人之責任，則授權關係

---

[54] 52台上1719、60台上2130。

[55] 洪遜欣，中國民法總則，485、490～502頁；史尚寬，民法總論，491～498頁；王澤鑑，民法實例研習（二）民法總則，373頁；民法總則，501頁；施啟揚，民法總則，305頁。

[56] 洪遜欣，中國民法總則，485頁註1。

[57] 王伯琦，民法總則，193～194頁；李模，民法總則之理論與實用，247頁。

[58] 胡長清，中國民法總論，361頁。

[59] 王澤鑑，民法實例研習（二）民法總則，373頁；洪遜欣，中國民法總則，501～502頁；史尚寬，民法總論，499頁。

之終了或存續期間之屆滿，即少有意義。是應認仍屬無權代理之範圍。令知本人曾為授權行為之第三人，於與代理人為交易時，自負注意其代理權是否有效之義務，否則因不知（不論已未注意）其已無代理權，而與之交易，應負擔無權代理人無資力之危險（民110），始為當然。

## 貳、狹義無權代理

狹義無權代理，指表見代理以外之無權代理而言。我國民法所稱「無權代理」即是指此。其情形有四：

一、不具備表見代理要件之無權代理。

二、授權行為無效之無權代理。

三、逾越代理權範圍之無權代理。

四、代理權消滅後之無權代理。

無權代理之效力若何？依民法第170條第1項規定：「無代理權人以代理人之名義所為之法律行為，非經本人承認，對於本人，不生效力。」可知無權代理之行為尚非當然無效，可因本人之事後承認而使生效力。性質上屬效力未定（詳如後述）法律行為之一種。所稱「承認」，係單獨行為之一種，應由本人向相對人或無權代理人以意思表示為之（民116）。一經承認，除法律另有規定外，即溯及於為法律行為時發生效力（民115）。

無權代理行為之效力完全取決於本人之承認與否，對相對人相當不利，為保護相對人之利益，民法特賦予相對人二種權利，俾相對人與本人相抗衡：

### （一）相對人之催告

相對人如欲該無權代理行為生其效力時，得定相當期限，催告本人確答是否承認，如本人逾期未為確答者，視為拒絕承認（民170Ⅱ）。

### （二）相對人之撤回

相對人如不欲該無權代理行爲生其效力，則於本人未承認前，得撤回之。但（相對人）爲法律行爲時，明知其（無權代理人）無代理權者，不在此限（民171）。

茲有問題者，如因本人不承認而致相對人受有損害時，則如何？依民法第110條規定：「無代理權人，以他人之代理人名義所爲之法律行爲，對於善意之相對人，負損害賠償之責。」此項責任不以無權代理人有故意或過失爲要件，屬無過失責任之一種[60]。又依上開規定，惡意之相對人不得請求損害賠償。又負損害賠償責任者爲該無權代理人，而非本人。

# 第五節　無效撤銷與效力未定

法律行爲之效力，其態樣有四，即一、有效；二、得撤銷；三、效力未定；四、無效。有效之法律行爲，又稱爲完全之法律行爲。至無效、得撤銷及效力未定之法律行爲，則合稱爲不完全之法律行爲。茲將不完全之法律行爲分述如次。

# 第一項　無　效

## 壹、無效之意義

無效者，法律行爲因欠缺有效要件，而自始、確定、當然、絕對不發生法律行爲之效力之狀態也。分述之：

## 一、無效者欠缺有效要件也

即當事人無行爲能力、標的不適當或不具有法定之特別生效要件之謂。須注意者，法律行爲須已具備成立要件後，始有無效之可

---

[60]　56台上305。

言，如尚未成立，自無無效之問題。

## 二、無效者不發生效力也

所謂不發生效力，專指不發生該法律行為所應發生之效力而言。至其他非該法律行為所應發生之效力，仍不妨其發生。例如買賣契約雖已成立，但因當事人之一方無行為能力，致該契約無效，則僅係不發生買賣之效力，至如契約已履行時，當事人間不當得利返還請求權仍不妨其發生是。

## 三、無效者自始不生效力也

即自該法律行為「成立時」即不生效力是。

## 四、無效者確定不生效力也

即無論嗣後情事如何變遷，均不能使之有效是。至嗣後補正有效要件者，係屬另一法律行為之問題。不可誤解。

## 五、無效者當然不生效力也

即無須法院宣告，亦不須經過任何程序，而當然的不生效力是。

## 六、無效者絕對不生效力也

即無效之效果，對任何人均得主張之。稱為絕對無效。但法律特別規定僅對特定人得主張無效，或僅對特定人不得主張無效者亦有之。是為相對無效。法律行為之無效，以絕對無效為原則，相對無效為例外。

## 貳、無效之分類

## 一、自始無效與嗣後無效

所謂自始無效，指法律行為成立時，即欠缺有效要件而無效者

而言。例如法律行爲成立時，當事人之一僅五歲是。所謂嗣後無效，指法律行爲成立後，效力發生前，發生無效之原因者而言。例如附停止條件之買賣契約，於停止條件成就前，標的物成爲禁止物是。

## 二、絕對無效與相對無效

所謂絕對無效，指對任何人均得主張無效者而言。例如買賣鴉片之契約是。

所謂相對無效，指對部分人無效對部分人有效者而言。依民法規定方式之不同，可分爲三種：

### （一）真正之相對無效

即法條本文所定之法律行爲係屬「**無效**」，但爲保護交易安全，又規定「不得以其無效對抗善意第三人」之情形。例如民法第87條第1項規定：「表意人與相對人通謀而爲虛僞意思表示者，其意思表示無效。但不得以其無效對抗善意第三人。」是。

### （二）例外之相對無效

即法條本文所定之法律行爲原則上係屬「**有效**」，但對於惡意之相對人則例外而無效之情形。例如民法第86條規定：「表意人無欲爲其意思表示所拘束之意，而爲意思表示者，其意思表示，不因之無效。但其情形爲相對人所明知者，不在此限。」是。

### （三）欠缺對抗要件之相對無效

即法條本文所定法律行爲係屬「**有效**」，但爲保護交易安全，又規定其有效「**不得對抗善意第三人（或第三人）**」之情形。例如民法第27條第3項規定：「對於董事代表權所加之限制，不得對抗善意第三人。」第31條規定：「法人登記後，有應登記之事項而不登記，或已登記之事項有變更而不爲變更之登記者，不得以其事項對抗第三人。」第107條規定：「代理權之限制及撤回，不得以之對抗善意第三人。但第三人因過失而不知其事實者，不在此限。」第557

條規定：「經理權之限制，除第五百五十三條第三項、第五百五十四條第二項及第五百五十六條所規定外，不得以之對抗善意第三人。」第1003條第2項規定：「夫妻之一方濫用前項代理權時，他方得限制之。但不得對抗善意第三人。」等是。嚴格言之，此等情形，並非法律行為本身無效之問題，僅係為保護交易安全，而規定不得對善意第三人（或第三人）主張其有效而已，學理上稱為「對抗要件之欠缺」。惟就不得對之主張有效之善意第三人（或第三人）言，該法律行為實等同於無效，故亦可歸類為相對無效之一種。

## 三、全部無效與一部無效

所謂全部無效，指無效之原因存在於法律行為內容之全部者而言。所謂一部無效，指無效之原因，僅存在於法律行為當事人之一部或內容之一部者而言。全部無效，則法律行為全部不生效力，自無問題。惟若僅一部無效，則如何？依我國民法第111條規定：「法律行為之一部分無效者，全部皆為無效。但除去該部分亦可成立者，則其他部分，仍為有效。」可知法律行為之一部分無效者，是否影響法律行為全部之效力，應視該部分是否可分而定，如為不可分，則全部皆為無效，如為可分，即除去該無效之部分，其他部分仍為有效。可分之情形，**在當事人之一部無效**，例如依保險法第51條第2項規定：「訂約時，僅要保人知危險已發生者，保險人不受拘束。」亦即，保險契約對保險人無效，對要保人仍為有效；以及依第3項規定：「訂約時，僅保險人知危險已消滅者，要保人不受契約之拘束。」亦即，保險契約對要保人無效，對保險人仍有效等事。**在內容之一部無效**，依其性質有二種：

### （一）量的一部分因超過法律許可之範圍而無效者

例如民法第912條規定：「典權約定期限不得逾三十年，逾三十年者，縮短為三十年。」設若當事人將典權之期限約定為五十年，則其中逾三十年之二十年部分，雖屬無效，但不妨其餘三十年之效

力是。

### （二）質的部分由數種事項合成而其中一項或數項無效者

例如以一贈與契約贈與金錢若干及嗎啡若干，其贈與嗎啡之部分無效，但贈與金錢之部分仍為有效是。

## 參、無效行為之轉換

無效行為之轉換者，將無效之法律行為轉換使生其他法律行為之效力也。可分為法律上之轉換及解釋上之轉換二種。按無效之法律行為，雖欠缺當事人原欲為之法律行為之有效要件，但不一定欠缺其他相關法律行為之有效要件，若依其情形，足認其他相關法律行為亦符合當事人之目的時，不如以建設性之立法或解釋，予當事人達成其目的之助力，以求經濟。基於此，民法乃於適當情形下，就無效行為之法律上轉換為個別規定，並於第112條明文規定無效行為之解釋上轉換之要件。分述如次：

## 一、法律上之轉換

即以立法方式而為轉換。例如民法第160條第1項規定：「遲到之承諾，除前條情形外，視為新要約」，第1193條規定，密封遺囑未具備法定方式而具備自書遺囑之要件時，有自書遺囑之效力是。

## 二、解釋上之轉換

即以解釋方式而為轉換。民法第112條就無效行為之解釋上轉換之要件，規定曰：「無效之法律行為，若具備他法律行為之要件，並因其情形，可認當事人若知其無效，即欲為他法律行為者，其他法律行為，仍為有效。」分言之：

### （一）須具備他法律行為之要件

無效之法律行為，若未具備他法律行為之成立要件，則純然無效，無轉換之可言。所謂具備他法律行為之要件，指原所為者，不必另為添加，本質上即符合或超越他法律行為之成立要件而言。亦

即以原所為者為基礎而構成他法律行為也。因此，有方式之行為，可轉換為要式之他法律行為，亦可轉換為不要式之他法律行為。但無方式之行為，則只能轉換為不要式之他法律行為，而不能轉換為要式之他法律行為。

### （二）須因其情形，可認當事人若知其無效，即欲為他法律行為

所謂因其情形，即就當事人為行為之情形，衡酌其行為之目的之謂。所謂可認當事人若知其無效，即欲為他法律行為，即他法律行為亦符合當事人之目的，設若當事人知悉其原所為者無效，則依一般人之心理，當即有為他法律行為之意思之謂。須說明者，此項要件，與民法第98條所定解釋意思表示之方法，雖同以當事人法律行為之目的為出發，但民法第98條所定者，係關於當事人原所為行為之解釋問題，而此所述者，係關於跨越成他法律行為之解釋問題，不可相混。

合於上述要件，則可將無效行為轉換為其他法律行為而生效。例如與自己之非婚生子女訂立收養契約，雖屬無效，但可轉換為認領而生效；簽發匯票時，已記載受款人及付款人及其他應記載事項（票據24Ⅰ），但關於給付之標的卻記載為一定之有價證券，則雖因與票據法第24條第1項第2款不合而無效，但可轉換為指示證券（民710）而生效是。

## 肆、無效行為當事人之責任

「無效法律行為之當事人，於行為當時，知其無效或可得而知者，應負回復原狀或損害賠償之責任。」（民113）蓋無效法律行為之當事人，因該無效之法律行為，已為給付者有之，受損害者亦有之，若當事人均為善意亦無過失，自無令當事人負任何責任之餘地。惟若當事人一方或雙方為惡意（知其無效）或有過失（可得而知），則法律自應予以過問，民法第113條規定，其用意即在乎此。基此規定，則對於已為給付者，他方當事人（指惡意或有過失之一方）有回復原狀之責；而對於受有損害者，則有賠償之責。

# 第二項　撤　銷

## 壹、撤銷之意義

撤銷者，撤銷權人溯及的消滅法律行為效力之意思表示也。析述之：

### 一、撤銷者意思表示也

依民法第116條規定，撤銷應以意思表示為之，如相對人確定者，其意思表示，應向相對人為之。可知撤銷係一種意思表示。

### 二、撤銷者溯及的消滅法律行為效力之意思表示也

撤銷之對象有係法律行為之效力者，亦有係非法律行為之效力者。非法律行為效力之撤銷，例如民法第14條第2項所定對監護宣告之撤銷，以及第34條所定法人主管機關之撤銷法人許可等情形是。此所謂者，係專指法律行為效力之撤銷。又撤銷有溯及的效力，可使已發生之法律行為效力，回溯至法律行為成立之時失其效力。

### 三、撤銷者撤銷權人之意思表示也

「撤銷權」非任何人均得行使，必也「撤銷權人」始可行使之。茲將撤銷權及撤銷權人分述之：

#### （一）撤銷權

撤銷權者，依意思表示溯及的消滅法律行為效力之權利也。撤銷權係形成權之一種，且具有從權利之性質，故不得與基於得撤銷之法律行為所生之權利分離而讓與。

#### （二）撤銷權人

即有撤銷權之人也。何人有撤銷權，須就各個法律行為，依法律規定以定之。

## 貳、得撤銷之法律行為

何種法律行為得撤銷？亦即得撤銷之法律行為其原因如何？有二說：有認為得撤銷之法律行為，以意思表示有瑕疵者為限；有認為不以意思表示有瑕疵者為限，即法律規定得撤銷者均屬之。依我國民法之規定，得撤銷之法律行為，以意思表示有瑕疵為原因者有之，例如民法第88條、第89條、第92條等條規定是；不以意思表示有瑕疵為原因者有之，例如民法第85條、第269條第2項、第302條第2項、第408條、第416條、第417條等條規定是。自宜從後說。基此，則所謂得撤銷之法律行為，應解為：因法律規定，具備撤銷原因，而得由撤銷權人予以撤銷之法律行為也。

## 參、撤銷之效力

### 一、撤銷有溯及效力

「法律行為經撤銷者，視為自始無效。」（民114 I）但此乃原則，如法律規定不溯及既往者，則為例外，例如依民法第998條規定，婚姻之撤銷無溯及效力是。

### 二、撤銷有絕對效力

撤銷後之效力，原則上對任何人均得主張。但法律另有規定者，則為例外，例如依民法第92條第2項規定，被詐欺而為之意思表示，其撤銷不得以之對抗善意第三人是。

## 肆、撤銷行為當事人之責任

得撤銷之法律行為當事人，於行為時知其得撤銷或可得而知者，其法律行為撤銷時，應負回復原狀或損害賠償之責任（民114 II 準用民113）。其理由同前所述，茲不復贅。

## 伍、撤銷權之消滅

撤銷權消滅之原因有三：

## 一、撤銷權之行使

撤銷權係形成權之一種，一經行使，其形成之效果即刻產生，不復有再行使之可言，故一經行使即歸消滅。

## 二、除斥期間之經過

撤銷權有一定之存續期間，謂之除斥期間，除斥期間一旦屆滿，撤銷權即歸消滅。除斥期間之長短，依法律之規定。

## 三、撤銷權人之承認

承認者，撤銷權之拋棄也。亦即撤銷權人使得撤銷之法律行為確定的發生效力之意思表示也。承認為單獨行為之一種。承認應由撤銷權人以意思表示為之。如相對人確定者，其意思表示，應向相對人為之（民116），又「經承認之法律行為，如無特別訂定，溯及為法律行為時，發生效力。」（民115）

# 陸、撤銷與撤回

撤回云者，阻止尚未生效之法律行為生效之意思表示也。撤銷與撤回似同實異，二者不同之點如下：

## 一、作用不同

撤銷係消滅已生效力之法律行為效力之意思表示；撤回則係阻止未生效力之法律行為生效之意思表示。

## 二、原因不同

撤銷係以意思表示有瑕疵及其他法定事由為原因；撤回則以表意人不欲其意思表示生效為原因。

## 三、權利人不同

撤銷須由法定之撤銷權人為之；撤回則須由表意人為之。

## 四、期間不同

撤銷有除斥期間之限制；撤回則須與被撤回之意思表示先時或同時到達，或於本人承認前爲之。

## 五、效力不同

撤銷有溯及之效力；撤回則自撤回時起失其效力，無溯及之效力。

# 第三項　效力未定

效力未定云者，發生效力與否，尚未確定之法律行爲也。效力未定之法律行爲，依我國民法之規定，可分爲：須得第三人同意之行爲與無權處分之行爲。分述之：

## 一、須得第三人同意之行爲

須得第三人同意之行爲者，即以第三人之同意爲生效要件之法律行爲也。所謂「同意」，兼指事前同意及事後同意（例如民974、981、1033、1049、1076、1171）。但我國民法有時單稱事前同意爲「允許」（例如民77～79、82～85、1101），事後同意爲「承認」（例如民79、80Ⅰ、81、82、170、171、301、302Ⅰ）。至於不同意，則稱爲「拒絕」（例如民117）或「拒絕承認」（例如民80Ⅱ、170Ⅱ、302Ⅰ、Ⅱ）。所謂以第三人之同意爲「生效要件」，其態樣有四：（一）有未經允許或同意，則其法律行爲無效者，例如民法第78條、第974條[61]、第1049條[62]、第1101條等規定是。

---

[61]　23上3987：「未成年人訂定婚約，應得法定代理人之同意，在民法第974條有明文規定，故當事人於訂定婚約時未成年者，縱已達於同法第973條所定年齡，亦須得法定代理人之同意始生效力。」

[62]　27上1064：「依民法第1049條但書之規定，未成年之夫或妻，與他方兩願離婚，應得法定代理人之同意，民法就違反此規定之兩願離婚，既未設類於同法第990條之規定，即不能不因其要件之未備，而認為無效。」

（二）有未得同意，則其法律行為無效，但不得對抗善意並無過失之第三人者，例如民法第1033條規定是。（三）有未得同意，則其法律行為有效，但得請求法院撤銷者，例如民法第990條、第1076條、第1079條第三項等規定是。（四）有未得允許或同意，則其法律行為效力未定，須經承認始溯及的發生效力者，例如民法第79條、第170條、第301條等規定是。可知須得第三人同意之行為，不等於效力未定之行為，易言之，須得第三人同意之行為中，僅一部分屬效力未定而已。至於在效力未定之情形下，依民法第117條規定：「法律行為，須得第三人之同意始生效力者，其同意或拒絕，得向當事人之一方為之。」是則第三人之同意或拒絕，性質上為不要式之有相對人的單獨行為。但實務上，為求舉證之方便，通常以書面為之。

須說明者，無權處分之行為，依民法第118條之規定，可因有權利人之承認而生效力（民118 I），亦可因無權利人之取得權利而自始有效（民118 II），就前者情形言，固可謂亦屬一種須得第三人同意之行為，但就後者情形言，則不屬之。是無權處分之行為，不全然屬於須得第三人同意之行為。另無權處分之行為，於有權利人承認前（民118 I）或無權利人取得其權利前（民118 II），以及相牴觸之數處分（民118 III)，均屬效力未定，並無例外，與須得第三人同意之行為僅其中一部分屬效力未定者不同。故無權處分之行為，宜列為效力未定之獨立類型，分別論述。

## 二、無權處分之行為

無權處分行為者，乃無權利人，以自己名義，就他人之權利標的物，所為之處分行為也。所謂無權利人，指對權利標的物無處分權之人而言。有處分權之人，原則上固為所有權人，但不以所有權人為限，至非所有權人而有處分權者，則須依法律規定以定之。例如依民法第1088條第2項但書規定，父母為未成年子女之利益，得處分其未成年子女之特有財產；又如依民法第1101條規定，監護人為

未成年受監護人之利益，亦得處分受監護人之財產等是。所謂處分行為，指直接使權利移轉、設定負擔或消滅之行為。為物權行為。但有認為包括準物權行為者[63]。又無權處分行為，以無權利人以自己名義為之為必要，若以權利人名義為之，則為無權代理行為。

　　無權處分行為之效力如何？按無權處分行為，本屬不法，在刑事上往往構成犯罪，在民事上往往構成侵權行為，其不能有效，自為當然，惟行為人出於善意，或對於權利人有利者亦有之，為謀實際上之便利，故民法第118條乃就無權處分行為之效力特設規定，分述如次：

### （一）經有權利人之承認始生效力

　　「無權利人就權利標的物所為之處分，經有權利人之承認，始生效力。」（民118Ⅰ）惟承認僅有使無權處分生效之效力，並不當然含有免除處分人賠償責任之意思表示[64]，故除權利人另有免除之意思表示外，其對處分人之侵權行為損害賠償請求權，並不因承認而受影響。

### （二）處分後取得其權利者其處分自始有效

　　「無權利人就權利標的物為處分後，取得其權利者，其處分自始有效。但原權利人或第三人已取得之利益，不因此而受影響。」（民118Ⅱ）所謂自始有效，例如甲之子乙，於甲生前未經甲之同意，私自將甲所有之音響出賣他人（債權行為有效），並已交付（物權行為為無權處分），嗣後甲死亡，乙因繼承而取得音響之所有權，則其原為之無權處分行為自始有效是。無權利人就權利標的物為處分後，迄其取得其權利之期間內，原權利人對該項標的物，如未為使用收益，則無權處分行為之自始有效，固不生問題，惟如仍使用收益，則承認無權利人之處分為自始有效，顯然足以妨害原權利人及第三人在該期間內使用收益之權能，殊不相宜，故但書規

---

[63] 施啟揚，民法總則，327頁。
[64] 23上2510。

定原權利人或第三人已取得之利益，不因自始有效而受影響，以資補救。原權利人已取得之利益，不因此而受影響。例如甲之子乙，以占有改定之方式（民761Ⅱ），使丙取得間接占有以代交付，而將甲之鋼琴無權處分予丙，鋼琴仍在家中，由甲繼續使用或收費供人練琴，設乙嗣後因向甲買受而取得該鋼琴，則原為之無權處分雖「自始」有效，但丙不得向甲請求償還自乙無權處分時起至乙向甲買受時止，所取得之利益是。第三人已取得之利益，不因此而受影響，例如前例，於乙無權處分後向甲買受之前，甲以該鋼琴設定質權予丁，並交付丁占有，設乙嗣後因繼承而取得該鋼琴，則原為之無權處分雖「自始」有效，但丁所取得之質權，不受影響是。

有問題者，乃無權利人就權利標的物為處分後，權利人繼承無權利人者，其處分是否亦自始有效？關於此，民法無明文規定，然在繼承人概括繼承時，既須就被繼承人之債務，負其責任，則與此所謂無權人取得其權利之情形，旨趣相同，而具有同一之法律理由，揆之德國民法第185條第2項就此設有明文，而我國民法未設規定，又無一定之道理，應認為係法律漏洞，是宜解為可類推適用民法第118條第2項規定，而得到相同之效果[65]。

## （三）數處分牴觸時以其最初之處分為有效

無權利人就權利標的物所為數處分相牴觸時，如於處分後取得權利者，以其最初之處分為有效（民118Ⅲ）。例如甲將乙之機車先賣與丙，繼又賣於丁，而以占有改定之方式（民761Ⅱ），使二人均取得間接占有以代交付，嗣後甲取得該機車之所有權時，甲之出賣行為應自始有效，但前後兩賣出行為互相牴觸而不能併存，應以賣與丙之行為為有效是。至如數個處分行為不相牴觸而可併存時，則無本項之適用。例如甲將乙之電視，先向丙設定質權（民884以下），後又以指示交付（民761Ⅲ）之方式出售於丁，此情形之兩個處分行為，即不相牴觸而可一併生效是。

---

[65] 參照29上1405，但此判例係以類推解釋為說明。

# 第四項　無效得撤銷及效力未定法律行為之比較

　　「無效」與「得撤銷」及「效力未定」同係法律行為效力狀態之一種。無效之法律行為係自始確定當然絕對不生效力。得撤銷之法律行為效力業已發生，須經撤銷後，始自始無效，如不撤銷，則繼續有效。效力未定之法律行為，雖已成立，但有效與否，尚未確定。茲將三者之不同點分述如次：

## 壹、無效與撤銷

　　「無效」係法律行為效力狀態之一種，已如上述。至「撤銷」則係一種意思表示，二者本屬截然分立之概念，無待乎比較其不同。惟撤銷權之行使足使法律行為效力之狀態產生變化，而成為無效。是就法律行為效力乙點而言，無效與撤銷二者亦非無比較之實益。二者主要不同之點如下：

### 一、性質不同

　　無效係法律行為效力狀態之一種；撤銷則係一種意思表示。

### 二、原因不同

　　無效係以法律行為欠缺有效要件為原因；撤銷則係以法律行為意思表示有瑕疵及其他法定事由為原因。

### 三、效力不同

　　（一）無效之法律行為效力從未發生；得撤銷之法律行為，則效力已發生。

　　（二）無效無論任何人均得主張之；撤銷則僅撤銷權人得主張之。

　　（三）無效之法律行為係確定的不生效力；得撤銷之法律行為則得因撤銷權之拋棄或不行使而成為確定有效。

　　（四）無效之法律行為，無溯及力之問題；撤銷則有使法律行

為之效力溯及的歸於消滅之效力。

## 貳、無效與效力未定

無效與效力未定有下列之不同：

### 一、原因不同

無效以法律行為欠缺有效要件為原因；效力未定則以未得第三人同意或無權處分為原因。

### 二、效力不同

（一）無效係自始不生效力；效力未定則係生效與否尚未確定。

（二）無效係確定不生效力；效力未定則可因第三人或本人或權利人之承認，或無權處分人之取得權利而成為有效，亦可因第三人或本人或權利人之拒絕而成為無效。

## 參、撤銷與效力未定

撤銷與效力未定有下列之不同：

### 一、性質不同

撤銷係一種意思表示；效力未定則係法律行為效力狀態之一種。

### 二、原因不同

撤銷以法律行為之意表示有瑕疵及其他法定事由為原因；效力未定則以未得第三人同意及無權處分為原因。

### 三、效力不同

（一）得撤銷之法律行為其效力業已發生；效力未定之法律行

為其效力則尚未發生。

（二）撤銷須由撤銷權人為之；效力未定法律行為之同意或承認則須由法定之第三人或本人或權利人為之。

（三）得撤銷之法律行為因撤銷權之拋棄或不行使而繼續有效；效力未定之法律行為則因第三人或本人或權利人拋棄或不行使承認權而繼續效力未定。

# 第五章

# 期日及期間

## 壹、期日及期間之意義

### 一、期　日

期日云者，視為不可分之一定時間也。例如10月10日或7月2日上午8時是。只須其時間特定，不問其時間之長短，均屬之。

### 二、期　間

期間云者，由一定時間至另一定時間之時間也。例如本年1月1日至3月18日是。

## 貳、期日與期間之計算

期日與期間之計算，除法令、審判上或私人間之法律行為有特別訂定外，依下列方式為之（民119）。

### 一、計算方法

有二：

#### （一）自然計算法

即以自然時間為計算依據之方法也。所謂自然時間，即一日為二十四小時，一星期為七日，一月為三十日，一年為三百六十五日，

月不分大小，年不分平閏，概以此固定數為準之時間。

## （二）曆法計算法

即依國曆上所定之時間以為計算之方法也。所謂國曆上所定之時間，即一日為上午0時起至晚上12時止，一星期為星期日起至星期六止，一月為該月初一起至月末止，一年為該年1月1日至12月31日止。月有大小，年有平閏，悉依國曆定之。

在以「日」或「星期」定期間之情形下，以自然計算法及曆法計算法計算之結果均相同，惟在以「月」或「年」定期間之情形下，結果即有差異。例如自1月31日起一個月之期間，依自然計算法計算之結果，為2月1日至3月2日（平年）或3月1日（閏年），然依曆法計算法計算之結果，則或至2月28日（平年）止，或至29日（閏年）止。惟究竟何種期間之計算，應採自然計算法？何種期間之計算，應採曆法計算法？依民法第123條規定：「稱月或年者，依曆計算。月或年，非連續計算者，每月為三十日。每年為三百六十五日。」可知在以月或年定期間之情形下，如係連續計算者，依曆法計算法計算；如係非連續計算者，則依自然計算法計算。至在以「日」或「星期」定期間之情形下，結果相同，故未予區別。有疑問者，乃連續計算與非連續計算，究應如何區分，不易理解。蓋所謂期間，係指由一定時間「至」另一定時間之時間，連續計算，乃其本質，非連續計算之期間，事實上並不存在。是本書以為民法第123條所定「非連續計算者」，應係以「非依曆計算者」為其規範對象，則不如修正為「非依曆計算者」，以免解釋之困難。

## 二、起算點與終止點

### （一）起算點

「以時定期間者，即時起算。」（民120 I）例如上午10時約定一小時內交貨，應自10時即時起算，至11時為止是。「以日、星期、月或年定期間者，其始日不算入。」（民120 II）所謂始日，指當事人所定期間之第一日。因第一日不算入，故第二日為起算日

（即起算之第一日）。例如約定自2月2日起十日內交貨，應以2月3日爲起算日，算滿十日爲止是。

### （二）終止點

「以日、星期、月或年定期間者，以期間之末日之終止，爲期間之終止。」（民121Ⅰ）即以最後一日晚上12時，爲該期間之終止點也。「期間不以星期、月或年之始日起算者，以最後之星期、月或年與起算日相當日之前一日，爲期間之末日」（民121Ⅱ前段），例如約定自星期二起一星期內交貨，應自次日即星期三起算，以下星期之相當日（星期三）之前一日，即星期二爲期間之末日是。「但以月或年定期間，於最後之月，無相當日者，以其月之末日爲期間之末日」（民121Ⅱ但書），例如約定12月30日起二個月內交貨，則其最後月爲翌年2月，但2月無31日，亦即無與起算日（31日）相當之日，此時即應以2月之末日爲期間之末日是。

## 三、末日之延長

「於一定期日或期間內，應爲意思表示或給付者，其期日或期間之末日，爲星期日、紀念日或其他休息日時，以其休息日之次日代之」（民122）。實施週休二日（即星期六、日不上班）後，星期六爲「其他休息日」之一種，期日或期間之末日爲星期六時，因其次日即星期日，仍爲休息日，故應以下星期一代之[1]。須注意者，此等休息日如在期間之中，而非期間之末日者，不得延長。例如上訴期間中遇颱風假二日又有星期六、日休息，但最後日爲星期一，即無末日延長之適用是。

---

[1] 昔日星期六上半日班時，期日或期間之末日爲星期六時，基於期日完整公平之考慮，最高法院曾以55.11.8.台文字第215號函示，以下星期一上午代之。

## 參、年齡之計算

「年齡自出生之日起算。出生之月日，無從確定時，推定其爲
七月一日出生。知其出生之月，而不知其出生之日者，推定其爲該
月十五日出生。」（民124）

# 第六章

# 消滅時效

## 第一節　時效之概念

### 壹、時效之意義

時效云者，一定之事實狀態，繼續達一定期間，即發生一定法律效果之制度也，我國民法所規定之時效制度有二：一為取得時效，一為消滅時效。前者規定於物權編，後者規定於總則編。茲將時效之意義析言之如下：

### 一、一定之事實狀態

所謂一定之事實狀態，在取得時效，為「占有他人之動產或不動產」之事實狀態；在消滅時效，為「請求權不行使」之事實狀態。

### 二、繼續達一定期間

所謂繼續，即不間斷之意。所謂一定期間，指法律所定之期間。有長有短，並非一致。

### 三、發生一定之法律效果

所謂一定之法律效果，在取得時效，為「取得所有權或其他財

產權」；在消滅時效，爲「請求權消滅」。

綜上可知，所謂取得時效，乃占有他人之動產或不動產，繼續達一定之期間，即因之而取得其所有權或其他財產權之制度。所謂消滅時效，乃因請求權不行使，繼續達一定之期間，致其請求權消滅之制度。

## 貳、時效制度存在之理由

### 一、法律秩序之保護

權利人知有與其所有之權利關係相反之事實關係發生時，在正常情形下，自應根據其法律上之力，以消滅此不利之事實關係，而回復原有之權利狀態；但權利人如怠於如此作爲，坐讓此事實關係經過長久之時間，則該事實關係，必成爲社會所信賴，或已爲多數法律關係之基礎。一旦消滅，反足以影響社會之安全。法律特設時效制度，目的即在避免已形成之新而安定的法律秩序遭受破壞。

### 二、避免舉證之困難

已形成之新而安定的法律秩序，與原本之真實的法律關係，是否一致，因歲月久隔之後，再爲審究，在當事人間不免舉證困難，在法院，則認定不易，如此勢必滋生困擾。法律特設時效制度，承認新而安定的法律秩序，目的即在避免當事人之舉證困難，而防糾紛也。

### 三、荒廢權利之懲罰

權利人知有與其所有之權利關係相反之事實關係發生，竟棄置而不速予消除，則該權利人，實乃「權利上之睡眠者」，而不值得法律之保護。法律特設時效制度，目的即在對荒廢權利之人予以懲罰也。

# 第二節　消滅時效

## 壹、消滅時效之意義

所謂消滅時效，乃因請求權不行使，繼續達一定之期間，致其請求權消滅之制度也。分言之：

### 一、請求權之不行使

即因權利人所擁有之權利本體所生之請求權，可以行使而不行使之狀態。例如甲於民國69年1月1日向乙借款新台幣10萬元，約定於民國70年1月1日償還，此情形，乙對甲所擁有之權利本體為債權，於民國69年1月1日即已發生，但因債權而生之請求權，至民國70年1月1日始能行使（即請求清償債務），惟乙自民國70年1月1日起迄未向甲為請求，是即所謂請求權可以行使而不行使之狀態也。

### 二、繼續達一定期間

此一定期間，依民法總則編之規定有十五年者（民125），有五年者（民126），亦有二年者（民127）。須注意者，此一定期間以繼續為必要，所謂繼續，即不間斷之意。

### 三、請求權因而消滅

在消滅時效制度下，所消滅之權利以「請求權」為限，權利本體並未消滅。亦即消滅時效係以「請求權」為客體。惟所謂請求權，以財產上之請求權為限；純粹身分關係而生之請求權，例如履行婚約請求權（民975）、夫妻同居請求權（民1001）……等，並無消滅時效之適用[1]，非消滅時效之客體。

須說明者，乃財產上之請求權，有（一）因債權而生者，例如各種損害賠償請求權（民184、226、18Ⅱ、91、194……）、不當得

---

[1] 48台上1050。

利返還請求權（民179）、租賃物返還請求權（民455）、借貸物返還請求權（民470、478）、動產交付請求權（民761、348）、不動產所有權移轉請求權（民758、348）、各種報酬及費用償還請求權（民505、523、547、560、566……）、利息請求權（民542）……等，為消滅時效之客體，自無問題。又有（二）因物權而生者，一般稱為物上請求權，指所有物之返還請求權、妨害除去請求權、防止妨害請求權（民767）三者。依最高法院見解[2]，物上請求權，亦為消滅時效之客體，但司法院大法官會議解釋[3]，則認為已登記不動產之物上請求權，無消滅時效規定之適用。一般以否定見解為是。蓋不動產所有權人，通常均信賴登記，若登記於其名下之不動產，其物上請求權能罹於時效而消滅，則必形成所有權人須負擔稅捐但不能享受所有物，而原為無權占有或侵奪他人所有物之人，則不須負擔稅捐，卻能享受物利之名實不符之現象，除破壞登記之公信力外，更阻礙不動產之開發利用，且顯非公平也。至於未經登記之不動產及動產，其物上請求權，則不生上述名實不符之問題，故通說認為仍有消滅時效規定之適用。但因動產所有權之取得時效（民768），並不以占有之始為善意並無過失為要件（參見民770），故無權占有或侵奪他人之動產者，只須以所有之意思，五年間和平公然為占有，即可取得所有權。結果，動產之物上請求權，其消滅時效形同不超過五年，宜注意及之。另有（三）因身分財產關係而生者，例如夫妻間之剩餘財產分配請求權（民1030-1）、贍養費請求權（民1057）……等，實係一種債權所生之請求權性質，故一般認為亦有消滅時效規定之適用，民法第1030條之1第4項更定有剩餘財產差額分配請求權短期消滅時效之規定。

## 貳、消滅時效之期間

消滅時效之期間可分二種：

---

2　42台上786。
3　釋字107、164。

## 一、一般期間

「請求權，因十五年間不行使而消滅。但法律規定期間較短者，依其規定。」（民125）

## 二、特別期間

可分民法總則規定者與民法總則以外之規定者二類：

### （一）民法總則之規定

#### 1.五　年

「利息、紅利、租金、贍養費、退職金、及其他一年或不及一年之定期給付債權，其各期給付請求權，因五年間不行使而消滅。」（民126）

#### 2.二　年

下列各款請求權，因二年間不行使而消滅：

(1)旅店、飲食店及娛樂場之住宿費、飲食費、座費、消費物之代價及其墊款。

(2)運送費及運送人所墊之款。

(3)以租賃動產為營業者之租價。

(4)醫生、藥師、看護生之診費、藥費、報酬及其墊款。

(5)律師、會計師、公證人之報酬及其墊款。

(6)律師、會計師、公證人所收當事人物件之交還。

(7)技師、承攬人之報酬及其墊款。

(8)商人、製造人、手工業人所供給之商品及產物之代價。

### （二）民法總則以外之規定

民法總則以外規定之消滅時效期間，有十年（民1146）、五年（決算7、8）、三年（民717、票據22Ⅰ前段）、二年（民197、

456、海商99、保險65）、一年（民514、963、票據22Ⅱ、海商125）、六個月（民473、611、票據22Ⅲ）、四個月（票據22Ⅱ後段）、二個月（票據22Ⅲ後段、民563Ⅱ）等，不一而足。

### 參、消滅時效之起算

「消滅時效，自請求權可行使時起算。以不行為為目的之請求權，自為行為時起算」（民128）。所謂消滅時效之起算，即消滅時效期間之起算也。所謂請求權可行使時，例如前舉之例，乙對甲之債權雖於民國69年1月1日甲向乙借款時即已成立，惟其請求償還借款之請求權則須至民國70年1月1日始可行使，消滅時效期間，即自此時起算是。所謂以不行為為目的之請求權，自為行為時起算，事實上與自請求權可行使時起算，同其意義。例如甲與乙約定，乙不得在其所有之土地上建屋，則於乙違約建屋時，甲之請求權，始可行使，消滅時效期間，即自此時起算，而所謂違約建屋，即「為行為」之意也。

### 肆、時效期間之性質

時效期間之規定，性質上為強行規定，不容當事人任意處分，故民法第147條規定：「時效期間，不得以法律行為加長或減短之。並不得預先拋棄時效之利益。」此條規定，對取得時效及消滅時效，同有其適用。所謂不得以法律行為加長或減短，即不許當事人約定變更時效之期間也。所謂不得預先拋棄，依反對解釋，應認為於時效完成後，得予拋棄因時效所生之利益。

## 第三節　消滅時效之中斷

### 壹、消滅時效中斷之意義

「消滅時效中斷」云者，時效進行中，因有行使請求權之事實，致已累積之期間，全歸無效之制度也。消滅時效期間之累積，

以繼續不行使請求權為要件，故如有行使請求權之事實發生，即與消滅時效之要件不合，前所累積之消滅時效期間，不再具有意義，故法律特設消滅時效中斷之制度，使已累積之期間全歸無效。消滅時效中斷之要件有二：

## 一、時效進行中

消滅時效期間起算後累積中，且尚未完成前，始有消滅時效中斷之可言。

## 二、行使請求權

時效進行中，有行使請求權之事實，始足使消滅時效中斷。所謂行使請求權之事實，即民法所定「消滅時效中斷之事由」。詳如次項所述。

## 貳、消滅時效中斷之事由

足使消滅時效中斷之事由，依民法第129條規定，有四：

## 一、請　求

### （一）請求之意義

請求者，請求權人對於因時效而受利益之人行使其權利之意思通知也。例如債權人對於債務人請求履行債務之催告是。請求有廣義與狹義之分，廣義之請求，包括訴訟上與訴訟外一切行使權利之行為。狹義之請求，則專指訴訟外之請求而言。我國民法第129條第1項第1款所謂請求，係專指狹義之請求而言。

### （二）請求之效力

請求權人為請求之後，債務人若予以承認，時效即因請求而自「為請求之時」中斷。惟債務人若不為承認或甚而拒絕承認，則請求權人須為更進一步之行使權利之行為，始足表示其行使請求權之決心，若不採取更進一步之行為，則與自始未為請求，實無軒輊。

故民法第130條規定：「時效，因請求而中斷者，若於請求後六個月內不起訴，視爲不中斷。」所謂視爲不中斷，即視爲自始不中斷之意。須注意者，此所謂起訴，應解爲民法第129條第2項所列與起訴有同一效力之事由亦包括在內。

## 二、承　認

### （一）承認之意義

承認者，因時效而受利益之人，對請求權人認許其權利存在之觀念通知也。例如在時效進行中，債務人爲一部清償，或支付利息，或曾於致權利人之信函中表示承認權利之存在是。嚴格言之，承認並非請求權人之行爲，與消滅時效中斷之要件，尚屬有間。惟債務人既已承認，則請求權人予以信賴而不行使其權利，亦不可責之爲不行使權利。故民法乃明定爲消滅時效中斷事由之一。又承認非意思表示，蓋承認僅在確認請求權人權利之存在，並非重新負擔債務，而由承認所生中斷之效力，又係出諸於法律規定，與承認人之意思無關，故承認係一種觀念通知（或稱事實通知）。又承認，無須一定之方式，以書面或言詞爲承認之表示，或在訴訟上抑在訴訟外爲承認之表示，或明示的抑默示的承認，均可生中斷消滅時效之效果。

### （二）承認之效力

承認有絕對的中斷消滅時效之效力。與起訴與否無關。亦即一爲承認，則消滅時效即自「爲承認之時」中斷，無須另有相配合之其他行爲發生也。

## 三、起　訴

### （一）起訴之意義

起訴者，請求權人以訴訟方法行使其權利之謂也。惟此之謂起訴，指提起民事訴訟而言。又民事訴訟，在形式上有本訴、反訴、附帶民事訴訟之分；在性質上有給付之訴、確認之訴、形成之訴之

分，均包括在內。

## （二）起訴之效力

　　起訴有中斷消滅時效之效力。惟究應自何時發生中斷之效力，有二說：一說認為於提出訴狀於法院之時中斷。另一說則認為須至訴狀送達於相對人時始生中斷之效力。通說認為以第一說為妥。蓋訴狀之提出於法院，已可認為行使請求權，若必待送達於相對人，則或因法院事務之遲延，請求權人難免遭受不測之損害也。

　　因起訴所生之中斷效力，亦非絕對的。依民法第131條規定：「時效，因起訴而中斷者，若撤回其訴，或因不合法而受駁回之裁判，其裁判確定，視為不中斷。」可見因起訴所生之中斷效力，與請求同，亦係附有條件的。所謂撤回其訴，乃原告於判決確定前，表示其訴之全部或一部不求法院裁判之意思表示（民訴262）。訴經撤回者，顯見請求權人無意行使其權利，故應視同未起訴（民訴263），而溯及的不生中斷之效力。所謂因不合法而受駁回之裁判，乃因起訴在程序上不合法而受法院裁定駁回之謂。所謂裁判確定，乃指逾抗告期間而未為抗告，或抗告被駁回之時，其裁定因之確定之情形。裁定確定，則與未起訴同，故因起訴而中斷之消滅時效，即視為自始不中斷。

## 四、與起訴有同一效力之事項

　　依民法第129條第2項規定，與起訴有同一效力之事項有五：

### （一）依督促程序聲請發支付命令

　　「債權人之請求，以給付金錢或其他代替物或有價證券之一定數量為標的者，得聲請法院依督促程序發支付命令」（民訴508）。債權人請求發支付命令，已屬行使請求權之行為，故亦足中斷消滅時效。

　　消滅時效因聲請發支付命令而中斷者，亦係附有條件的。依民法第132條規定：「時效，因聲請發支付命令而中斷者，若撤回聲請，

或受駁回之裁判，或支付命令失其效力時，視爲不中斷。」蓋撤回聲請，可知債權人已無行使請求權之意思；又受駁回之裁判，因不得聲明不服（民訴513 II）而確定，與未聲請同；至所謂「支付命令失其效力」，依民事訴訟法規定，情形有二：1.發支付命令後，三個月內，不能送達於債務人者（民訴515 I）。2.債務人對於支付命令於送達後二十日之法定期間內提出異議者（民訴519 I 前段）。於此二種情形下，支付命令之聲請雖曾經法院准許，但已依法失其效力。故而因聲請發支付命令而中斷之消滅時效，均應視爲自始不中斷。惟須注意者，在債務人對於支付命令於送達後二十日內提出異議之情形，依民事訴訟法第519條第1項後段規定，應以債權人支付命令之聲請，視爲起訴或聲請調解。故於此情形下，仍應再依起訴或聲請調解之規定，論究其消滅時效是否因起訴或聲請調解而中斷。

### （二）聲請調解或提付仲裁

聲請調解，包括依民事訴訟法所爲之調解（例如民訴577、587），及於起訴前依其他法律所爲之調解（例如鄉鎮市調解條例規定之調解）、調處（例如土地101）在內[4]。提付仲裁，乃當事人間之爭議，依契約或法律規定（例如證交166 I、海商105、121），請求仲裁機關爲仲裁判斷之謂。聲請調解或提付仲裁，均爲請求權行使之表現，時效自應中斷。

因聲請調解或提付仲裁，究應自何時發生中斷之效力？亦有二說：一說認爲應自聲請或請求之時中斷；一說則認爲應自法院或仲裁機關傳喚之通知送達於相對人之時中斷。二說以前說爲是。其理由與起訴者同。又消滅時效因聲請調解或提付仲裁而中斷，亦係附有條件的。依我民法第133條規定：「時效，因聲請調解或提付仲裁而中斷者，若調解之聲請經撤回、被駁回、調解不成立或仲裁之請求經撤回、仲裁不能達成判斷時，視爲不中斷。」蓋於此時若請求權人不另謀他途，則足見其無行使權利之意思，故消滅時效應視爲

---

[4]　48台上722及936。

自始不中斷。

### （三）申報和解債權或破產債權

　　債務人依破產法規定聲請和解或破產，為法院許可或宣告破產後，債權人向監督人申報和解債權或向破產管理人申報破產債權，其有行使請求權之意思，自無庸置疑。故亦為消滅時效中斷事由之一。消滅時效因申報和解債權或破產債權而中斷，亦係附有條件的。依民法第134條規定：「時效，因申報和解債權或破產債權而中斷者，若債權人撤回其申報時，視為不中斷。」蓋經撤回其申報後，與未申報無異，自應溯及的不生中斷之效力。

### （四）告知訴訟

　　告知訴訟者，當事人於訴訟繫屬後，將訴訟告知於因自己敗訴而有法律上利害關係之第三人，使其參加訴訟之謂也。例如甲向乙購車後，突有某丙者出而主張該車為其所有，訴請甲交還時，甲告知乙參加訴訟是。告知訴訟，權利人（甲）對受告知訴訟之人（乙）行使請求權之意思，業已表明，故有中斷消滅時效之效力。但受告知訴訟之人非訴訟當事人，亦為判決效力所不及，故告知訴訟與訴訟外之請求相當，「時效因告知訴訟而中斷者，若於訴訟終結後六個月內不起訴，視為不中斷。」（民135）所謂不起訴，指不對受告知訴訟之人起訴而言。

### （五）開始執行行為或聲請強制執行[5]

#### 1.開始執行行為

　　按執行行為之開始，有依債權人之聲請為之者，有法院依職權為之者。此之謂開始執行行為，係指後者而言。民國85年10月9日強制執行法修正公布以前，依原強制執行法第5條第1項但書規定，假

---

[5] 民法第136條立法理由：「查民律草案第287條理由謂強制執行，依承發吏而為者，以執行行為之開始，（扣押）為時效中斷之事由。又依法院而為者，以執行之聲請，為時效中斷之事由。故本條分別規定，並明示執行撤銷，及聲請撤回或被駁回者，不生時效中斷之效力。」

扣押、假處分及假執行之裁判，其執行得依職權為之。實務上，僅假扣押、假處分之執行行為，依職權為之，假執行之執行，則仍由債權人另行具狀聲請為之。在作法上，債權人聲請假扣押、假處分，係向民事執行處遞狀，由民事執行處轉由民事庭為准許假扣押、假處分裁定後，將裁定書送回民事執行處原承辦股通知聲請人辦理預繳執行費及提供擔保手續後，即約定期日實施執行行為。所謂「其執行」依職權為之，係指於民事庭為准許假扣押、假處分之裁定（執行名義）後，債權人不需另行提出強制執行聲請狀，民事執行處即可辦理強制執行事件而言。此情形，該聲請假扣押、假處分債權之請求權之消滅時效，即自所定執行期日開始執行行為時起發生中斷之效力。但依民法第136條第1項規定：「時效，因開始執行行為而中斷者，若因權利人之聲請，或法律上要件之欠缺而撤銷其執行處分時，視為不中斷。」蓋權利人既聲請撤銷其執行處分，已無行使請求權之意思；又因法律上要件欠缺而撤銷者，則該執行處分自始無效，與未開始執行行為同，故均視為時效自始不中斷。

上開依職權辦理強制執行事件之作法，對於須爭取時間，防止債務人脫產或變更現狀之假扣押、假處分，至為重要，在實施上並無困難，規定亦無不妥之處。詎民國85年修正強制執行法時，竟將前揭第5條第1項但書刪除，依其修正說明：「一、強制執行之開始，債權人除依法應納執行費外，其為執行名義之假扣押、假處分之裁判，係以預供擔保為條件者，須債權人提供擔保後，始得開始執行，實務上不得於債權人繳納執行費或提供擔保前，即依職權開始強制執行，本條第1項但書，並無實益，爰予刪除。」可知，修法者顯係將「其執行得依職權為之」一語，誤解為不待繳納執行費或提供擔保，即可實施執行行為。實則，「其執行得依職權為之」與「開始執行行為」，各有所指，前者係指不待「聲請」即可依職權辦理強制執行事件，後者則係指執行期日實施執行行為之開始而言。至於執行費，乃任何強制執行事件依規定均須繳納之費用；提供擔保，則係依假扣押、假處分裁定書主文記載所必須辦理者。兩

者均非認定是否依職權辦理執行事件之依據。爲何以此似是而非之理由，將原強制執行法第5條第1項但書刪除，令人不解。

　　原強制執行法第5條第1項但書刪除後，已無依職權辦理強制執行事件之法律上依據，即使係假扣押、假處分事件，亦須分二階段先後提出聲請，亦即先向民事庭聲請裁定准許假扣押、假處分，取得執行名義（裁定書）後，再另行具狀向民事執行處聲請強制執行，於遞狀之同時須先預繳執行費及辦妥提供擔保手續，則爲當然。雖目前實務上仍保留以往由民事執行處代收假扣押、假處分聲請狀之作法，但於民事庭裁定准許假扣押、假處分後，若聲請人未另行具狀聲請強制執行，民事執行處即不得定執行期日，而聲請人必待民事庭送達准許假扣押、假處分之裁定後，再具狀聲請強制執行，徒增辦理假扣押、假處分強制執行之時間，對假扣押、假處分之聲請人相當不利。此外，原強制執行法第5條第1項但書刪除後，民法第136條第1項規定已無適用之餘地，而爲具文。

　　2.聲請強制執行

　　聲請強制執行者，於「爲聲請之時」，即發生中斷消滅時效之效力。但依民法第136條第2項規定：「時效，因聲請強制執行而中斷者，若撤回其聲請，或其聲請被駁回時，視爲不中斷。」蓋撤回其聲請，可知權利人已無行使請求權之意思；又聲請被駁回者，與未聲請同，故均視爲消滅時效自始不中斷。

## 參、消滅時效中斷之效力

### 一、時的效力

　　「時效中斷者，自中斷之事由終止時，重行起算。」（民137 I）。依此規定，可得言者有三：（一）中斷事由發生前，已經過之時效期間，全歸無效。（二）中斷事由存續之期間，時效不進行。（三）中斷事由終止時起，時效從新開始進行。有問題者，乃中斷之事由於何時始爲終止？一般言之：1.因請求或承認而中斷者，

於意思到達相對人時即爲終止。2.因起訴而中斷者，於受確定判決，或因其他方法訴訟終結時即爲終止（民137 II）。3.因與起訴有同一效力之事由而中斷者，於各該程序終結時即爲終止。

「經確定判決或其他與確定判決有同一效力之執行名義所確定之請求權，其原有消滅時效期間不滿五年者，因中斷而重行起算之時效期間爲五年。」（民137 III）所謂其他與確定判決有同一效力之執行名義，例如依民事訴訟法成立之和解、調解，或業已確定之支付命令是。蓋法律規定短期消滅時效，係以避免舉證困難爲主要目的，如請求權經法院判決確定，或已取得與確定判決有同一效力之執行名義，其實體權利義務關係，業已確定，不再發生舉證問題。惟若債權人明知債務人無清償能力，仍須不斷請求強制執行或爲其他中斷時效之行爲，不免失平，亦非必要，故規定原時效期間不滿五年者，重行起算後一律延長爲五年。

## 二、人的效力

「時效中斷，以當事人、繼承人、受讓人之間爲限，始有效力。」（民138）亦即當事人、繼承人、受讓人，始能主張或對之爲主張消滅時效中斷之利益也。所謂當事人，即爲中斷行爲之人及其相對人。所謂繼承人、受讓人，指當事人之繼承人或受讓人。例如債權人於債務人生前對債務人所爲中斷消滅時效之行爲，債權人之繼承人或受讓人，得對債務人之繼承人或受讓人，主張消滅時效中斷之效力是。

# 第四節　消滅時效之不完成

## 壹、消滅時效不完成之意義

消滅時效不完成云者，於時效期間「終止時」，因有請求權無法或難於行使之事由存在，法律乃使原應完成之消滅時效，於該事

由終止後，一定期間內，暫緩完成，期間屆滿，權利人仍不行使權利，消滅時效始完成之制度也。消滅時效，原係針對怠於行使請求權者而設，然於消滅時效期間終止時，存在有外部之障礙，致請求權人無法或難於行使權利時，如仍放任消滅時效期間之完成，則對請求權人，殊爲不利。因於時效終止時行使請求權，亦係請求權人之權利。爲保護請求權人之利益，法律乃設消滅時效不完成之制度。消滅時效不完成之要件有二：

## 一、須於消滅時效終止時存在有請求權無法或難於行使之事由

所謂「終止時」，指終止之時點，及該時點之前客觀上足供權利人行使其請求權之合理期間而言。蓋請求權無法或難於行使之事由，雖於消滅時效終止之時點以前已消除，但距終止之時點，僅餘客觀上不足供權利人行使其請求權之期間，則在價值上與請求權無法或難於行使之事由尚未消除，實無不同，故解釋上應如是。但須注意者，民法第141條（因能力之不完成），將終止之時點擴大規定爲「終止前六個月內」；又依第140條（因繼承之不完成）、第142條（因監護關係之不完成）、及第143條（因婚姻之不完成）等規定，除消滅時效終止時，存在有請求權無法或難於行使之事由外，其終止時尚在所定期限內者，亦應解爲同有各該條時效不完成規定之適用。詳後述之。所謂請求權無法或難於行使之事由，即民法第139條至第143條所規定之消滅時效不完成之事由。

## 二、須於請求權無法或難於行使之事由終止後一定期間仍不行使請求權

所謂一定期間，即民法第139條至第143條所規定之期間。此期間屆滿而權利人仍不行使其請求權者，消滅時效始因而完成。

## 貳、消滅時效不完成之事由

消滅時效不完成之事由者，請求權無法或難於行使之事由也。

依民法規定，有下列五種：

## 一、因事變之不完成

「時效之期間終止時，因天災或其他不可避之事變，致不能中斷其時效者，自其妨礙事由消滅時起，一個月內，其時效不完成。」（民139）其要件有三：

### （一）須有天災或其他不可避之事變

例如地震、海嘯、風災、洪水、戰爭、瘟疫、被匪綁架、猝患不省人事之疾病之類是。此等事變，只須其性質上不可避為已足，不問該事變係存在於請求權人自身抑社會大眾之事變，均屬之。至所謂不可避，應依社會一般觀念決定之，並無一定之標準。

### （二）須事變致不能中斷時效

所謂「不能」，指絕對不能而言，亦即因該事變而不能為一切中斷消滅時效之行為也。故一種方法雖被妨礙，惟尚有他種方法足資利用時，即無本條之適用。

### （三）須事變於時效期間終止時存在

事變發生於何時，可以不問。惟須於時效期間終止時存在始可。圖示之如下：

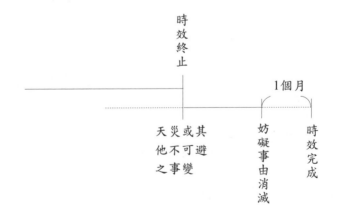

## 二、因繼承之不完成

「屬於繼承財產之權利，或對於繼承財產之權利，自繼承人確定或管理人選定，或破產之宣告時起，六個月內，其時效不完成。」（民140）其要件有三：

### （一）須為屬於繼承財產之權利或對於繼承財產之權利

屬於繼承財產之權利者，例如甲欠乙新台幣10萬元，乙死後，乙生前對甲之借款返還請求權是。對於繼承財產之權利者，例如上舉之例，甲死後，乙對甲生前之借款返還請求權。

### （二）須繼承開始後繼承人未確定或管理人未選定或尚未宣告破產

若繼承開始（即被繼承人死亡）時，繼承人已確定，且遺產無宣告破產之原因（破產59），則不論由繼承人行使屬於繼承財產之權利，或對繼承人行使對於繼承財產之權利，均無障礙，自不生時效不完成之問題。必也繼承開始後，繼承人未確定或遺產管理人未選定，或遺產具備宣告破產之原因而尚未宣告破產，始有本條之適用。蓋依民法繼承編規定，繼承開始時，繼承人有無不明者，應由親屬會議選定遺產管理人，並依法搜尋繼承人（民1177、1178），故於繼承人確定或管理人選定以前，行使權利或被行使權利，均屬不能。又遺產不敷清償被繼承人債務而無有資力之概括繼承人時，得依破產法規定宣告破產，法院為破產宣告時，應選任破產管理人，以管理破產財團（破產59、75、83），故於未為破產宣告前，行使權利或被行使權利，亦均屬不能。此等情形，始為時效不完成之原因。

### （三）須時效期間在繼承開始後並繼承人確定或管理人選定或破產宣告之前或其後六個月內終止

若時效早在繼承開始前已完成，無本條之適用；又時效期間在繼承開始後，繼承人確定或管理人選定或破產宣告之前終止者，適用本條，認為繼承人之未確定或遺產管理人之未選定，或尚未為破產宣告致無破產管理人，係行使屬於繼承財產之權利，或對於繼承

財產行使權利之障礙，時效應暫停進行，至繼承人確定或管理人選定或破產宣告後六個月，如仍不行使其請求權，始時效完成，乃屬當然。惟時效期間在繼承開始後，並繼承人確定或管理人選定或破產宣告後始終止者，有無本條之適用，不無疑問？可有二種解釋：其一，認為時效之不完成，以時效期間終止時存在有請求權無法或難於行使之事由為要件，故不論時效期間在繼承開始後，並繼承人確定或管理人選定或破產宣告後六個月內或六個月後終止，均無本條之適用，蓋其時效期間終止時，已無請求權無法或難於行使之障礙也。其二，認為時效之不完成，固以時效期間終止時，存在有請求權無法或難於行使之事由為要件，但若欲貫徹斯旨，則本條規定之方式，似應相同於第139條規定之方式，亦即應謂：「屬於繼承財產之權利，或對於繼承財產之權利，其時效之期間終止時，因繼承人未確定或管理人未選定，或未為破產宣告，致不能中斷其時效者，自其妨礙事由消滅時起，六個月內，其時效不完成。」始為當然。茲本條突異於此，應係另有所指，依其所定：「自繼承人確定或管理人選定，或破產之宣告時起，六個月內，其時效不完成。」等語之意旨觀之，宜解為，時效期間若在繼承開始後，並繼承人確定或管理人選定或破產宣告之後六個月內終止者，仍屬本條規範之範圍，仍應適用本條，使其時效期間一律延長為自繼承人確定或管理人選定或破產宣告之時起六個月，始行完成。至於時效期間若在繼承開始後，並繼承人確定或管理人選定或破產宣告之後六個月後始終止者，則無本條之適用。本書以為，在時效不完成之法定期間較行使請求權所需之合理期間為長之情形下，若時效期間在妨礙事由消滅後法定期間屆滿前終止，則權利人僅有自妨礙事由消滅時起至時效期間終止時止之期間，可供中斷消滅時效，此較之時效期間在妨礙事由消滅之前終止之情形，顯有失平，是應認本條之規定方式，係基於公平之考慮而有意使然。自以第二種解釋為可採。圖示之如下：

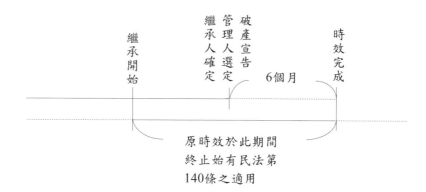

## 三、因能力之不完成

「無行為能力人，或限制行為能力人之權利，於時效期間終止前六個月內，若無法定代理人者，自其成為行為能力人，或其法定代理人就職時起，六個月內，其時效不完成。」（民141）其要件有二：

### （一）須為無行為能力人或限制行為能力人之權利

若他人對於無行為能力人或限制行為人之權利，則無其適用。此外，因本條係考慮無行為能力人或限制行為能力人無法定代理人之輔助，無法行使其權利而設，是若限制行為能力人關於特定行為有行為能力者（民77但書），則關於該行為所生之權利，得獨立行使，自亦無本條之適用。又若係無行為能力人或限制行為能力人對於其法定代理人之權利，則應優先適用第142條之規定，有所不足之時，始有本條之適用，併予敘明。

### （二）須於時效期間終止前六個月內無法定代理人

亦即須於時效期間終止前六個月內，曾發生無法定代理人之情事。若於六個月前無法定代理人，則須持續至六個月內仍無法定代理人，始足當之；又於六個月內一旦發生無法定代理人之情事，則縱其成為行為能力人之時或其法定代理人就職之時，仍在時效完成之前，仍有本條之適用。本條規定，猶如將時效期間終止之時點擴

大為六個月。圖示之如下：

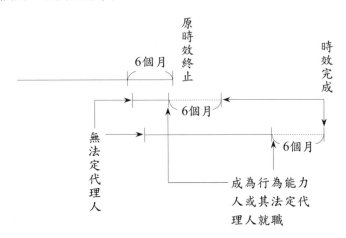

## 四、因監護關係之不完成

「無行為能力人，或限制行為能力人，對於其法定代理人之權利，於代理關係消滅後一年內，其時效不完成。」（民142）其要件有三：

### （一）須為無行為能力人或限制行為能力人之權利

若非此等人之權利，則無本條之適用。至於法定代理人對於無行為能力人或限制行為能力人之權利，因非屬本條規範之對象，其無本條之適用，自不待言。

### （二）須為對於其法定代理人之權利

若為對於法定代理人以外人之權利，則應適用前述第141條之規定。因本條係考慮無行為能力人或限制行為能力人，於法定代理關係存續中，欲對其法定代理人實施權利，有感情上之不便，以及要法定代理人為輔助，有事實上之困難而設，故限制行為能力人關於特定行為縱有行為能力（民77但書），關於該行為所生對於法定代理人之權利，亦應解為有本條之適用，與第141條之適用情形，有所不同。

### （三）須時效期間於代理關係消滅前或消滅後一年內終止

時效期間在法定代理關係消滅前終止者，適用本條，認為因代理關係存在之障礙，時效應暫停進行，至代理關係消滅障礙消除後一年，如權利人仍不行使其請求權，始時效完成，乃屬當然。另依本條所定：「於代理關係消滅後一年內，其時效不完成。」等語之意旨觀之，時效期間在代理關係消滅後一年內終止者，仍屬本條規範之範圍，仍應適用本條，使其時效期間一律延長為自代理關係消滅後一年，始行完成。至於時效期間在代理關係消滅後一年後始終止者，則無本條之適用。凡此，與前述因繼承之不完成要件（三）之解釋旨趣相同。圖示之如下：

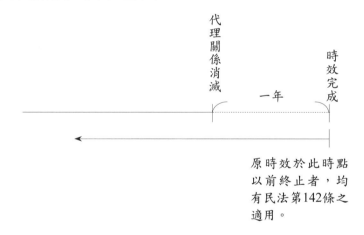

於此須附言者，如法定代理關係消滅後一年屆滿前六個月內，原無行為能力人或限制行為能力人，仍未成為行為能力人，且無新任之法定代理人時（例如於父母喪失親權或監護人撤退後，新監護人迄未就任），或又成為無行為能力人（例如被宣告為受監護人）或限制行為能力人（例如結婚被撤銷），且無新任之法定代理人時，則仍有第141條之適用，亦即自其成為行為能力人，或其法定代理人就職時起，六個月內，其時效仍不完成。

### 五、因婚姻之不完成

「夫對於妻或妻對於夫之權利，於婚姻關係消滅後，一年內，其時效不完成。」（民143）其要件有三：

#### （一）須為夫對於妻或妻對於夫之權利

亦即須為夫妻相互間之財產上權利。至權利之種類如何，則無限制。

#### （二）須於婚姻關係中所得行使之權利

所謂婚姻關係中所得行使之權利，包括結婚前所生之權利及結婚後所生之權利，只須於婚姻關係中得行使者，均屬之。蓋婚姻關係存續中，夫妻一體，雖對他方享有權利，亦難期待其按時行使，故民法特以之為行使請求權之障礙。至於婚姻關係消滅後所生之權利，已無行使上之障礙，無本條之適用，乃屬當然。例如因結婚無效或被撤銷而生之損害賠償請求權（民999）、因離婚而生之損害賠償請求權（民1056）、因離婚而生之贍養費請求權（民1057）等是。

#### （三）須時效期間在婚姻關係消滅前或消滅後一年內終止

此項要件之解釋，與前述因監護關係之不完成要件（三）相同。亦即時效期間在婚姻關係消滅前終止者，適用本條，認為因婚姻關係存在之障礙，時效應暫停進行，至婚姻關係消滅障礙消除後一年，如權利人仍不行使其請求權，始時效完成，乃為當然。另依本條所定：「於婚姻關係消滅後，一年內，其時效不完成。」等語之意旨觀之，時效期間在婚姻關係消滅後一年內終止者，仍屬本條規範之範圍，仍應適用本條，使其時效期間一律延長為自婚姻關係消滅後一年，始行完成。至於時效期間在婚姻關係消滅後一年後始終止者，則無本條之適用。圖示之如下：

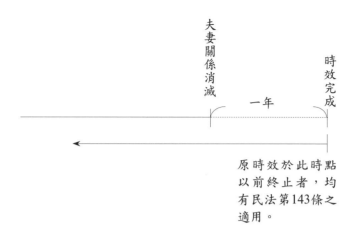

前述五種消滅時效不完成之事由中，前三者屬請求權無法行使，後二者則屬請求權難於行使。

## 參、消滅時效不完成之效力

具備前述消滅時效不完成之要件時，均有使消滅時效期間延長至不完成之事由消滅後之一定期間屆滿時為止之效力。請求權人，於此期間內，仍得為有效之中斷消滅時效之行為。必也此期間再屆滿後，仍不為中斷消滅時效之行為，消滅時效始行完成。

# 第五節　消滅時效中斷與不完成之比較

消滅時效之中斷與消滅時效之不完成，性質上同為消滅時效完成之障礙；且同係為保護因時效進行而受不利益之當事人而設之制度；此外又同有使消滅時效期間延長之效力。惟二者觀念仍屬各別，其主要不同之點如下：

## 一、事由不同

消滅時效之中斷，因請求權人之行為而生，其事由有八；消滅時效之不完成，則因請求權人行為以外之事實而生，其事由有五。

## 二、效力不同

消滅時效之中斷，以當事人、繼承人、受讓人之間為限，始有效力；消滅時效之不完成，則對任何人均有效力。

又消滅時效中斷後，其已進行之時效期間，全歸無效，於中斷事由終止時起重行起算；消滅時效不完成，則其已進行之時效期間，仍屬有效，不重行起算。

# 第六節　消滅時效之效力

消滅時效完成後，在法律上所發生之效果，可得言者如次：

## 一、債務人得拒絕給付

「時效完成後，債務人得拒絕給付。」（民144 I）按消滅時效完成後之效力內容，有三種立法例：即（一）權利消滅主義；（二）訴權消滅主義；（三）抗辯權發生主義。依權利消滅主義，消滅時效完成後，權利之本體及其請求權均歸於消滅；依訴權消滅主義，消滅時效完成後，權利本體及其請求權仍存在，但其以訴訟實現權利之訴權即歸於消滅；依抗辯權發生主義，消滅時效完成後，權利本體及其請求權與訴權均不消滅，但債務人因而發生得拒絕給付之抗辯權。我國民法第125條雖以「請求權……消滅」為文，惟依第144條第1項之規定以觀，請求權實未因消滅時效完成而實質上失其存在。故所謂「請求權……消滅」，應解為係因債務人拒絕給付之抗辯權發生，致權利人之請求權無從行使之意。故我國民法關於消滅時效完成之效力內容，以解為係採抗辯權發生主義較為適當。

## 二、給付不得請求返還

「請求權已經時效消滅，債務人仍為履行之給付者，不得以不知時效為理由，請求返還。其以契約承認該債務，或提出擔保者，

亦同。」（民144Ⅱ）蓋消滅時效雖經完成，但權利本體仍舊存在，故債務人仍為履行之給付者，就權利人言並非無端受磔，自不得以不知時效為理由，而請求返還。至於消滅時效完成後，始以契約承認其債務，或始提出擔保者，應認為該債務人已拋棄其拒絕給付之抗辯權，當亦不得請求返還。

## 三、擔保物權不因時效而消滅

「以抵押權、質權或留置權擔保之請求權，雖經時效消滅，債權人仍得就其抵押物、質物或留置物取償。」（民145Ⅰ）「前項規定，於利息及其他定期給付之各期給付請求權，經時效消滅者，不適用之。」（民145Ⅱ）抵押權、質權、留置權三者均為擔保物權。以擔保物權為擔保之請求權，其請求權人常因信賴擔保而未於消滅時效完成前行使其請求權，為維持擔保物權之確實性，故法律規定仍得就抵押物、質物或留置物取償。但關於利息及其他定期給付之請求權，如其各期給付之請求權雖因時效而消滅，而仍得就其擔保物取償，則各期之給付可能累積甚巨，殊非保護債務人之道，故設為例外。

擔保物權雖不因時效而消滅，但民法第880條就其中抵押權，特設規定曰：「以抵押權擔保之債權，其請求權已因時效而消滅，如抵押權人，於消滅時效完成後，五年間不實行其抵押權者，其抵押權消滅。」為質權或留置權所無，應注意及之。此五年期間，係除斥期間，並非時效期間，故不得謂有抵押權擔保之請求權，其消滅時效之期間為二十年[6]。

## 四、主權利消滅效力及於從權利

「主權利因時效消滅者，其效力及於從權利。但法律有特別規定者，不在此限。」（民146）蓋從權利乃附屬主權利而存在，主權

---

[6] 53台上1391。

利既已消滅，則從權利自亦失所附麗。但法律如規定從權利不消滅者，則從其規定，是為例外。例如前項所述之擔保物權，原均係附屬於主債權之從權利，惟法律規定其並不消滅是。

# 第七節　消滅時效與除斥期間之比較

法律上所定關於權利之期間有二，一為消滅時效，一為除斥期間。二者似同而實異，區別不易。消滅時效於本章中已詳為敘述。至所謂「除斥期間」，則係指法律對於某種權利所預定之「存續期間」而言。亦即法律所定之期間，性質上如屬某種權利之生命期間，於該期間之前或之後，即無該權利之存在者，則該期間，即為該權利之「除斥期間」是。例如民法第90條所定撤銷權，自意思表示後，經過一年而消滅，即屬之。蓋該撤銷權於為意思表示前，無其存在，而意思表示後一年間為其存續之期間，至滿一年後，該撤銷權，則又不復有其存在也。消滅時效期間與除斥期間主要不同之點如下：

## 一、客體之不同

消滅時效以請求權為客體；除斥期間，則以形成權為客體。

## 二、性質之不同

消滅時效，係權利本體所生之請求權得行使之期間；除斥期間，則係權利本體之存續期間。

## 三、能否延長之不同

消滅時效，得因中斷或不完成而延長；除斥期間，則為不變期間，不因任何事由而延長。

## 四、起算點之不同

消滅時效，自請求權得行使時起算；除斥期間，則自權利存立時起算。

## 五、應否援用之不同

消滅時效，須當事人援用，法院不得依職權採為裁判之資料；除斥期間，則當事人縱不援用，法院亦應依職權採為裁判之資料。

## 六、利益可否拋棄之不同

消滅時效完成後，其利益可以拋棄；除斥期間經過後，其利益不許拋棄。

# 第七章

# 權利之行使

## 第一節　權利行使之意義

　　權利之行使者，權利人實現權利內容之「行爲」也。例如物之所有人「使用」其所有物、債權人爲求償債務而「催告」、錯誤意思表示之表意人「撤銷」其意思表示等行爲是。權利之行使非必權利之享有者始得爲之，即其代理人亦得爲之。又權利之行使未必能得其效果。故權利之行使與權利之享有及權利之實現，均不可同日而語。又權利之行使，係指行使屬於該權利「內容」之行爲而言，如非行使屬於該權利內容之行爲，或係爲確定該權利內容有無之行爲，則均非權利之行使。此不可誤解。非行使權利內容之行爲，例如權利之讓與是。爲確定權利內容有無之行爲，例如提起確認之訴是。

## 第二節　權利行使之限制

　　權利人行使權利，須否受到限制，今昔不同。在昔日個人主義下，認爲權利爲所有者個人所私有，且具有絕對性。故個人之權利是否行使及如何行使，均屬個人之自由，他人不得干涉，法律亦不得加以限制。惟在今日團體主義下，認爲權利具有社會性及相對

性，個人之利益與社會之公益，同爲權利之內涵，而他人之權利，亦同爲法律保護之對象。故在社會公益之需求大於個人利益，以及損及他人利益等情形下，個人權利之行使，常須受到限制。其限制之情形，依民法之規定有二：

## 一、不得違反公共利益

依民法第148條第1項前段規定，權利之行使，不得違反公共利益。學理上稱此項限制爲「禁止違反公益」。所謂公共利益，一般簡稱公益，乃不特定多數人共同之利益之謂。公共利益是否存在，應依個案具體情形分別認定之。是否違反公共利益，應以權利人行使權利之客觀狀態爲準，權利人主觀上有無違反之意思，並非所問。權利之行使，違反公共利益之情形，例如土地所有權人，於自有緊鄰公園之土地上建築高牆，雖屬權利之行使範圍，但因其阻礙視野又破壞風景，應認違反公共利益，而負有除去之義務是。

## 二、不得以損害他人為主要目的

依民法第148條第1項後段規定，權利之行使，不得以損害他人爲主要目的。因以損害他人爲主要目的之權利行使，係屬權利之濫用，故學理上稱此項限制爲「禁止權利濫用」。所謂以損害他人爲主要目的，指權利人在主觀上具有損害他人之意，並以之爲主要目的，而在客觀上又有損害他人之結果而言。權利人之主觀意思，可參酌其權利行使之行爲態樣，依社會一般觀念認定之。但權利行使之行爲，不必全部均損及他人，只須綜合觀察結果，足可認定該損害他人之部分，係權利人之主要目的即可。所謂「損害」，指陷人於不利益而言，包括財產上及非財產上（即精神上）之不利益。所謂「他人」，原不以個人爲限，公眾亦包括在內，故權利濫用如係以損害公共利益爲主要目的，應同時有「禁止違反公益」規定之適用，殆爲當然。惟民法既對於違反公益之情形，設有明文在先，不妨將權利濫用之對象，限於公眾以外之個人或多數人。又權利濫用，須以損害他人爲「主要」目的，始足當之。是若以正當行使權

利爲主要目的，而不意損及他人，自不構成權利濫用。至其是否違反公共利益、有無違反誠實信用原則、有無構成侵權行爲，則爲另一問題。權利之行使，以損害他人爲主要目的之情形，例如甲明知同事乙患有妄想症，視紅色如流血之恐怖，乃故意著紅衣上班，雖著紅衣爲甲之權利，但因係以損害乙爲主要目的，故乙得請求甲更換並禁止再穿紅衣上班是。

權利之行使，違反公共利益，或以損害他人爲主要目的者，應認爲構成侵權行爲（民184），權利人對受害人應負損害賠償責任，侵害狀態繼續存在者，受害人並得請求除去其侵害，有被侵害之虞者，應解爲得請求防止其侵害；又有時可依法律之規定，剝奪權利人之權利，例如民法第1090條規定，父母濫用其對於子女之權利時，其最近尊親屬或親屬會議，得糾正之，糾正無效時，得請求法院宣告停止其權利之全部或一部是。

## 第三節　誠實信用原則

民法第148條第2項規定：「行使權利，履行義務，應依誠實及信用之方法。」是爲「誠實信用原則」（簡稱誠信原則），乃近代民法之最高指導原理。學者稱之爲「帝王條款」。所謂誠實，乃行爲人光明之良心；所謂信用，則爲相對人正當之信賴。不論行使權利之人，抑履行義務之人，均應合乎自己光明之良心，及相對人正當之信賴，而爲行使及履行。使權利之行使及義務之履行，均能妥當而合理。妥當而合理之後，乃能公平，公平而後，正義始生。故誠信原則，實係正義觀念具體化之原則。又誠實及信用，均爲人類內心之一種道德，故誠信原則，亦可謂係道德觀念法律化之原則。實則前述不違反公共利益，及不以損害他人爲主要目的，均屬誠信原則之具體態樣，民法擇之而爲禁止規定，不過特加宣示而已。

權利行使之意義，已如第一節所述。至於履行義務之意義，則大致相當，係指義務人實現義務內容之行爲。財產法上之履行義

務，主要指各種給付行為（包括積極的作為、消極的不作為、及容忍）之實施，有時尚須為物之交付。純粹身分法上之履行義務，則主要指一定事實行為（例如履行婚約義務之結婚、履行同居義務之同居）之實施。

誠信原則，係全部法律之最高指導原理，法律條文或當事人訂明，須依誠信原則時，應受其規範，固無庸置疑。縱無訂明，於事後評價行使權利及履行義務之行為時，亦應本於誠信原則，而為法律之解釋或補充，並無二致。因此，誠信原則，實可謂係行使權利及履行義務之一種當然的限制。茲分從行為人光明之良心（誠實）與相對人正當之信賴（信用），各舉一例以說明違反誠信原則之情形：(1)債權人與債務人成立和解契約，約定每月底上午10時前交付分期支票償債，如有違反則視為全部到期。設債務人有一次因交通阻塞，於上午10時30分始送達支票，但曾先以行動電話向債權人說明原因，而雙方所以約定上午10時前交付分期支票，目的係在能於上午11時前軋入銀行交換，是債權人若收受支票並即存入銀行，於其權利並無妨害，乃竟拒絕受領，主張債務人應即償還全部債款，則債權人之行使債權，顯係違背其光明之良心，而違反誠信原則。[1]應認債務人並無違反約定，債權人無請求立即償還全部債款之權。(2)出租人明知承租人違反禁止轉租之約定，惟仍照收租金，且同意承租人自費更改隔間。則契約雖規定承租人違約轉租，出租人即得終止契約，但因出租人之行為足使承租人產生正當信賴，以為於此種情形下，一般誠實信用之人，當不會行使終止權。則出租人若竟而行使終止契約之權利，即屬不依誠實及信用方法，應認其契約終止權之行使為無效[2]。

---

[1]  參照26滬上69。

[2]  61台上2400判決：「被上訴人明知轉租無效，本得請求收回土地，竟長期沈默，不為行動，且每隔六年，仍與承租人換訂租約一次，似此行為，顯已引起上訴人之正當信任，以為被上訴人當不欲使其履行義務，而今忽貫徹其請求權之行使，致令上訴人陷於窮境，其有違誠實信用原則，尤為明顯。」

違反誠信原則者，其行為無效（民71）。但其因不行使權利或不履行義務，所應生之效力，則不妨其發生。至於有無構成侵權行為，以及是否違反公益、是否屬權利濫用，應另行認定之。

# 第四節　自力救濟

私權受到侵害時，原則上，權利人應請求國家以公力排除之，亦即須尋求「公力救濟」，而不許私人以腕力自行排除之，亦即不許「自力救濟」。惟公力救濟有時緩不濟急，於特殊情況下，如不允許自力救濟之存在，反不能達保護權利人之目的。故法律乃特設自力救濟之規定，俾資適用。我國民法認許之自力救濟有二類，一為自衛行為，一為自助行為。分述如次：

## 第一項　自衛行為

自衛行為者，自己或他人之權利，受侵害或有急迫危險時，所為對加害人反擊或對他人加害之行為也。可分正當防衛與緊急避難二種。

### 壹、正當防衛

#### 一、正當防衛之意義

正當防衛者，對於現時不法之侵害，為防衛自己或他人之權利所為之未逾必要程度之行為也（民149）。

---

72台上2673判決：「權利者在相當期間內不行使其權利，並因其行為造成特殊情況，足引起義務人之正當信任，認為權利人已不欲行使其權利，而權利人再為行使時，應認為有違誠信原則，固得因義務人之抗辯，使其權利歸於消滅。」

## 二、正當防衛之要件

有六：

### （一）須有侵害之存在

若無侵害之存在，即無防衛之必要。侵害云者，對於權利所為之攻擊行為也。

### （二）須係現時之侵害

設若侵害業已過去或尚未發生，均不得為防衛行為。現時之侵害者，侵害行為已經著手，或正在實施而尚未完畢之謂也。

### （三）須係不法之侵害

若其侵害為法律所許者，即不得為防衛行為。合法之侵害，如父母懲戒其子女、警察之拘捕人犯，以及正當防衛、自助行為等是。

### （四）須為防衛自己或他人之權利

實施正當防衛所欲保護之權利，種類並無限制，且權利不以屬於實施者自己所有為限，即加害人以外之他人所有者亦可。

### （五）須有防衛行為

即須有對加害人實施反擊之行為。蓋無反擊行為，即無論究正當與否之必要也。

### （六）須防衛行為未逾越必要程度

若逾越必要程度，逾越之部分，即屬防衛過當之行為，實施者就該部分仍難免其責任。至是否必要，應就具體情事，依客觀標準決之。例如甲以木棒欲打乙之狗，乙竟先開槍殺死甲，即屬防衛過當是。

## 三、正當防衛之效力

具備正當防衛要件之行為，實施者不負損害賠償責任。但已逾

越必要程度者，無論有無過失，仍應負相當賠償之責（民149）。

## 貳、緊急避難

### 一、緊急避難之意義

緊急避難者，因避免自己或他人生命、身體、自由或財產上急迫之危險，所為因避免危險所必要，且未逾越危險所能致之損害程度之加害於第三人之行為也（民150）。

### 二、緊急避難之要件

有六：

#### （一）須有危險

無危險即無避難之必要。所謂危險，乃足以發生危害之事件。無論出於自然，抑或出於人為，均無不可。

#### （二）須有急迫之危險

若雖有危險但不急迫，或危險已過去或尚未到來，均不得為避難之行為。所謂急迫，即現時之意。

#### （三）須係避免自己或他人生命身體自由或財產上急迫之危險

如係為保全生命、身體、自由或財產等四種權利以外之權利，即不得為避難行為。又此四種權利，不以實施避難行為之人所有者為限，他人所有者，亦包括在內。

#### （四）須避難行為係避免危險所必要

所謂必要，即不得已之意。不得已者，除為避難行為外，別無他種方法可避免危險之謂也。是否必要，應就具體情形，依客觀標準決之。

#### （五）須避難行為所加之損害未逾越危險所能致之損害

即危險所能致之損害程度，須大於或等於避難行為所加於第三人之損害程度也。是否逾越，亦應就其具體情形，依客觀標準

決之。

### （六）須危險之發生避難行為人無責任

如危險係因避難行為人之故意或過失發生者，則咎由自取，自不得主張緊急避難，以求免責。

## 三、緊急避難之效力

具備緊急避難要件之行為，實施者不負損害賠償責任。但（一）非避免危險所必要，及（二）逾越危險所能致之損害程度者，或（三）危險之發生，行為人有責任者，則實施者仍應負損害賠償之責（民150 I 但書、150 II）。

# 參、正當防衛與緊急避難之區別

正當防衛與緊急避難，同係自衛行為，且同係免責之原因，二者概念又有相近之處，但二者仍屬不同，主要不同之點如下：

一、正當防衛，以有「不法之侵害」為前提；緊急避難，則以有「急迫之危險」為前提。

二、正當防衛所保護之權利，種類毫無限制；緊急避難所保護之權利，則以生命、身體自由、財產上之權利為限。

三、正當防衛，係對於侵害者實施反擊；緊急避難，則係對於第三人之加害。

四、正當防衛，所欲避免之損害毋庸與因反擊所致之損害權衡大小；緊急避難，則所欲避免之損害，不得小於所加於他人之損害。

五、正當防衛，性質上係權利之一種；緊急避難，則性質上並非權利之一種，係法律放任之行為。

# 第二項　自助行為

## 一、自助行為之意義

自助行為者，權利人為保護自己權利，於不及受法院或其他有關機關援助之際，對於他人之自由或財產，施以拘束、押收或毀損之行為也（民151）。

## 二、自助行為之要件

有四：

### （一）須為保護自己權利

他人之權利不包括在內。又所謂權利，指得強制執之請求權。蓋自助行為，係以事後即時向法院或其他有關機關請求援助為其免責之條件，苟不得強制執行，則法院或其他有關機關既莫能援助，自不得自力救助也。

### （二）須不及受法院或其他有關機關援助

即時機急迫，不及受法院或其他有關機關援助，且非於其時為之，則請求權不得實行或其實行顯有困難之情形下，始得實施自助行為。所謂法院，指該管法院而言。

### （三）須對於他人之自由或財產施以拘束押收或毀損

即自助行為之對象，以他人之自由及財產為限。自助行為之種類，以拘束、押收或毀損為限。所謂他人，指債務人。所謂拘束，乃對自由而言。係防止債務人逃匿之方法。所謂押收、毀損，係對財產而言。乃防止權利標的，或可供執行之財產隱匿或滅失之方法。

### （四）須即向法院聲請處理

即須立即聲請法院對於押收之財產，實施假扣押，或對於拘束其自由之債務人，實施管收。蓋自助行為，乃權宜之放任行為，若

縱讓請求權人永續拘束他人之自由或押收他人之財產，則不啻鼓勵私相報復，殊為不當。須注意者，須向法院聲請處理者，以拘束他人自由，或押收他人財產之情形為限（民152 I）。至於毀損他人之財產者，已無處理之必要，故毋庸為處理之聲請。

### 三、自助行為之效力

具備自助行為要件之行為，實施者不負損害賠償責任。但拘束他人自由或押收他人財產後，如向法院聲請處理而被駁回者，或其聲請遲延者，行為人仍應負損害賠償之責（民152 II）。蓋聲請被駁回，足證無實施自助行為之必要。又聲請遲延者，顯有過失，故仍應負賠償之責。

## 第三項　自衛行為與自助行為之比較

自衛行為（即正當防衛與緊急避難）與自助行為，同係法律所許之自力救濟行為，同有免責之效力，惟二者顯有不同，其主要區別之點如次：

一、自衛行為，所保護之權利不以實施者自己所有為限，他人所有之權利亦包括在內；自助行為，所保護之權利，則以實施者自己所有為限。

二、自衛行為，行為之種類無限制；自助行為，則以對於債務人之自由或財產施以拘束、押收或毀損為限。

三、自衛行為，於行為後，無須向法院聲請處理；自助行為，如係拘束他人自由或押收他人財產者，行為後應即時向法院聲請處理。

# 附錄一

# 民法總則編立法原則

（中央政治會議第168次會通過）

一、民法所未規定者，依習慣，無習慣或雖有習慣而法官認爲不良者，依法理。

二、民法各條應分別爲兩大類：①必須遵守之強制條文；②可遵守可不遵守之任意條文。凡任意條文所規定之事項，如當事人另有契約，或能證明另有習慣者，得不依條文，而依契約或習慣；但法官認爲不良之習慣，不適用之。凡任意條文，於各本條明定之。

三、失蹤人失蹤滿十年以上者，法院得爲死亡之宣告；失蹤人爲七十歲以上者，得於失蹤滿五年後爲死亡宣告；失蹤人爲遭遇特別災難者，得於失蹤滿三年後爲死亡之宣告。

四、二人以上同時遇難而死，無證據足以證明其死亡之先後時，即推定其爲同時死亡。

五、足二十歲爲成年。

六、未滿七歲之未成年人無行爲能力，七歲至二十歲爲限制之行爲能力人。

七、對於心神喪失及精神耗弱之人，法院得宣告禁治產。

八、姓名權受侵害者，被害人得請求法院禁止之。

九、同時不得有二處以上之住所。

十、外國法人之認可，依法律規定。在中國境內外國法人之設立營業及分設支店，應受中國法律及規章之支配。經認可之外國法人，與同種類之中國法人有同等之權利能力及行爲能力；但法

令另有規定者不在此限。外國法人受中國法院之監督及管轄。

十一、法律行為必須依方式者，宜定其方式，但種類不宜過多，所定方式亦不宜繁瑣。

十二、法律行為雖依法定條件，應認為有效者，如乘他人之危急，或其他特定情形，顯失公平者，法院得撤銷之。

十三、以侵害他人為主要目的而行使權利者，其權利之行使為不法。

十四、因避免不法侵害所為之行為，不得認為不法；但以不超越相當程度者為限。因避免緊急危險，而損害或毀滅他人之物者，其行為不得認為不法；但以不超越相當程度者為限。

十五、為保護自己權利起見，對於他人之自由或財產施以相當制裁之行為，不得認為不法；但以捨此以外，無他方法，並事後即請司法之援助者為限。

十六、享受權利之能力不得放棄。

十七、自由不得拋棄。契約上自由之限制，不得違背公共秩序或善良風俗。

十八、不於法定期間行使權利者，其權利因時效而消滅。法定時效期間，不得以契約延長及減短之，並不得預先拋棄時效之利益。

十九、最長時效期限，擬定為十五年，定期給付之債權，擬定為五年；關於日常交易之債權，擬定為二年。

# 附錄二

# 名詞索引

## 六 劃

## 七 劃

## 十四劃

## 十五劃

## 十六劃

## 十七劃

國家圖書館出版品預行編目資料

民法總則 / 陳猷龍著； ─九版. ─臺北市：五
南, 2017.09
　面；　公分.
ISBN: 978-957-11-9399-1（平裝）

1. 民法總則

584.1　　　　　　　　106015802

4T04

# 民法總則

作　　者 ─ 陳猷龍（265.3）

發 行 人 ─ 楊榮川

總 經 理 ─ 楊士清

副總編輯 ─ 劉靜芬

責任編輯 ─ 吳肇恩、林晏如

封面設計 ─ 姚孝慈

出 版 者 ─ 五南圖書出版股份有限公司

地　　址：106 台北市大安區和平東路二段 339 號 4 樓

電　　話：(02)2705-5066　　傳　　真：(02)2706-6100

網　　址：http://www.wunan.com.tw

電子郵件：wunan@wunan.com.tw

劃撥帳號：01068953

戶　　名：五南圖書出版股份有限公司

法律顧問　林勝安律師事務所　林勝安律師

出版日期　2017 年 9 月九版一刷

定　　價　新臺幣 400 元